# 記者のための情報公開制度活用ハンドブック

日下部聡 編著
報道実務家フォーラム 企画協力

公益財団法人 新聞通信調査会

# はじめに

この本は、情報公開制度を情報収集に活用するための実用的なガイドブックです。記者やディレクターなど報道実務家を主な読者に想定していますが、調査や研究に携わるすべての人にとって参考になるよう心掛けて編集しました。

情報公開制度は公的記録にアクセスする権利を人々に保障する制度です。その根本には、政府や自治体の持っている情報は主権者である国民・市民のもの、という理念があります。民主主義社会を支える重要な柱の一つと言えます。

そして、報道実務家にとってさらに重要なのは、仕事に大いに役立つということです。日本の報道機関では、多くの記者が行政機関や捜査機関を担当する形で仕事をしています。その守備範囲の中で当局者に食い込んで水面下の情報を取ってくることが重要な任務の一つとなっています。

しかし、人間関係からもたらされる情報に頼り過ぎることは「アクセス・ジャーナリズム」のわなに陥る危険性もはらんでいます。

アクセス・ジャーナリズムとは、権力内部の人間に食い込む（アクセスする）うちに、いつの間にか権力側の考え方に染まってしまったり、知らず知らずのうちに情報操作に加担してしまったりして、権力監視の役割を果たせなくなったジャーナリズムのことです。
その点、情報公開制度には、取材相手の意向を気にすることなく情報収集ができるという利点があります。しかも、断片情報ではなく、幅広く大量の資料を手に入れることが可能です。人にフォーカスする従来型の取材と、情報公開制度を使った取材はトレードオフではありません。双方を組み合わせることによって、より広く深い報道が可能になります。
また、情報公開制度を使うということは、市民と同じ条件で情報収集をするということでもあります。政府や自治体の情報が本当に市民に開かれているかどうかを検証することにもなるのです。

実際、情報公開制度は取材のツールとして定着しつつあるようです。「○○市への情報公開請求で判明した」「開示請求で入手した内部文書によると……」といった一文が挿入されたニュース記事をよく目にするようになりました。

上手に使えば誰でも一定のレベルの情報を得られるのが情報公開制度のいいところです。まずは先例をまねてみるのが、使い方を体得する一番の近道でしょう。そこで、この本にはできるだけ具体例を盛り込み、制度や手続きを基本から解説しています。

構成は次の通りです（文中の肩書きはいずれも取材当時）。

ＰＡＲＴ１「最前線からの活用事例報告」はケーススタディーです。七つの事例を取り上げ、特筆すべき報道をしてきた記者たちの実践を紹介しています。

ＰＡＲＴ２「基礎知識と応用の可能性」では、情報公開制度の成り立ちや仕組み、報道機関が制度をどう活用してきたかを概観し、今後の可能性を考察します。また、この分野の第一人者、三木由希子・情報公開クリアリングハウス理事長による報道実務家フォーラムの人気講座を収録しました。

最後に、情報公開請求の流れが分かるフローチャート、開示請求書や審査請求書の書式、さらに詳しく知りたい人のための参考書籍やウェブサイトのリストを付けました。

文中で紹介したり引用したりした主な資料のうち、オンラインで見られるものについては脚注にＱＲコードも入れました。本文を読みながら適宜、スマートフォンやタブレットで原典に飛んで、理解を深めていただければ幸いです。

事実を知ることによって、私たちは正しい判断をすることができます。信頼できる情報は力を与えてくれます。本書がそのための一助となることを願っています。

なお、この本は公益財団法人新聞通信調査会から出版された『記者のための裁判記録閲覧ハンドブック』（ほんとうの裁判公開プロジェクト、２０２０）、『記者のためのオープンデータ活用ハンドブック』（熊田安伸、２０２２）に続くシリーズの３冊目となります。

日下部 聡

# 目次

# PART 1

# 最前線からの活用事例報告

# 01

# 自治体取材で「普段使い」
## ——「ゲーム条例」報道の背景

KSB瀬戸内海放送　山下洋平記者

### 多角的で粘り強い調査報道

2020年4月1日、香川県で全国初の「ネット・ゲーム依存症対策条例[1]」が施行された。18歳未満のインターネットやゲームへの依存を防ぐことを目的に、議員提案で成立したこの条例はしかし、その制定過程で大きな議論を呼んだ。

きっかけは、その年の1月、県議会の条例検討委員会が公表した素案だった。スマートフォンの使用を「1日60分以内とする」などの規制が含まれていたことから、「家庭に行政が口を出すべきではない」と高校生らが反対署名を集めたり、専門家から科学的根拠への疑問の声が出たりして、ネット上でも反対論が大勢を占めた。

批判を受けて検討委員会は、「スマートフォン使用等の制限」を「家庭におけるルールづくり」に、時間の「基準」を「目安」にするなど表現を弱めた条例案を提出。結局、「18歳未満のゲーム時間は1日60分(休日は90分)まで」「小中学生以下は午後9時、高校生などは同10時までにスマートフォンなどの使用をやめる」ことを目安にルールをつくり、守らせるという保護者に対する努力義務を定めた条例が２０２０年3月18日に賛成多数で成立した。

議論が十分に尽くされたのかという問題に加え、条例案の策定過程にも不透明さがつきまとった。そうした論点を条例成立後も粘り強く多角的に追及したのが、香川県と岡山県をエリアとするＫＳＢ瀬戸内海放送（テレビ朝日系列）の調査報道「検証　ゲーム条例」である。２０２１年には日本民間放送連盟賞テレビ報道番組部門優秀賞を受賞している。

この報道を主に担った同局の山下洋平記者は15年以上にわたり、県や市への取材に情報公開請求を活用してきた。日本で自治体を日常的に取材対象にしている記者は、政府を取材している記者よりも圧倒的に多いはずだ。自治体と向き合うときに情報公開請求をどう使ったらいいのだろうか。山下さんに試行錯誤を振り返ってもらった。

1 香川県ネット・ゲーム依存症対策条例
https://en3-jg.d1-law.com/kagawa-ken/d1w_reiki/502901010024000000000/502901010024000000000/502901010024000000000.html

1

## 「違和感」覚えた翌日には情報公開請求

ゲーム条例をめぐる調査報道を始めたきっかけは「強烈な違和感」だったという。

条例案が採決される6日前の2020年3月12日、県議会が条例案に対するパブリックコメントの結果を発表した。8割以上が「賛成」だったという。その日、休暇を取っていた遊軍記者の山下さんは自局の夕方のニュースでそれを知った。それまでの議論を見聞きする中で「肌感覚として解せない」と感じたという。

そして翌3月13日、山下さんがとった行動は、県議会に対する情報公開請求だった。自治体には行政とは別に情報公開条例を制定している議会もあり、香川県議会もその一つだ。山下さんは県議会事務局に足を運んで次のような文言で開示請求をした。

**〈香川県ネット・ゲーム依存症対策条例（仮称）素案についての**

**・パブリックコメント内容（詳細）が分かる文書（意見そのもの）**

**・パブリックコメントで県外の個人から送られてきた意見（受け付けられなかったものの数含め）〉**

このパブコメの募集対象は「香川県内に住所を有する人」とネットやゲーム関連事業者に限られていたが、県外から意見を送った個人もいるのではないかと考え、後段も付け加えた。

香川県議会情報公開条例は15日以内に公開・非公開の決定をするよう定められているが、60日を上限とする延長規定がある。文書が開示されたのは、条例の成立をまたいだ１カ月後の４月13日だった。

## 同じ文章のパブコメが次々と

県議会事務局の別室で受け取ったのは段ボール箱２箱に入ったＡ４判用紙４１８６枚の文書だった。郵便やオンラインで寄せられたパブリックコメントを印刷し、個人情報を黒塗りにしてコピーしたものだった。

会社に運び、会議室で同僚とめくり始めると、不自然さにすぐに気付いた。同じ書式、同じ言い回しの賛成意見が次々に出てくるのだ。

分類して数えたところ、「ネット・ゲーム依存

---

件名 ： ご意見・お問い合わせページからの投稿

日時 ： 2020年02月01日(土) 12:51

【ご意見・お問い合わせの内容】
【県議会ホームページへのご意見箱】
県議会では、今後も議会の状況をわかりやすくお知らせしたいと思っています。議会ホームページをご覧になったご意見・ご感想をお聞かせください。いただきましたご意見等は、皆様方からの貴重な声として、参考にさせていただきます。
◆ご注意◆
●メールによる陳情や議員個人に関するメールはお受けできません。

【氏　　名】[redacted]【年齢】[redacted]
【住　　所】[redacted]
【E－Mail】[redacted]
【件　　名】ネットゲーム条例について
【ご意見・ご感想】条例通過により、明るい未来を期待して賛成します。

---

同じ言い回しが多数あったパブリックコメントの一例
（ネットメディアねとらぼが情報公開請求で入手し公開している原本から抜粋）

症対策条例が通る事により、皆の意識が高まればいいと思うので賛同します」が１７６件、「条例通過により、明るい未来を期待して賛成します」が１４２件、「ネット、ゲームが子供達に与える影響様々ですので、賛同します」が１３７件――といった具合だった。

山下さんらはこの実態を当日のニュースで放送した。同時にＹａｈｏｏ！ニュースでも配信され、「ゲーム条例のパブコメ『原本』が開示　多数を占めた賛成意見『全く同じ文章』が何パターンも」というタイトルで掲載された記事と動画は、ネット上で大きな反響を呼んだ。

その後、開示された文書を分析したところ、賛成意見の8割以上が県議会ウェブサイトの意見募集フォーム「ご意見箱」から投稿されていたことが分かった。パブコメの募集要項には書かれていなかった方法にもかかわらず、である。同じ誤字の投稿が1分間に1件のペースで連続して送信されていたケースもあった。

何者かが「組織票」を入れて賛成意見を水増ししたのではないか。そう思った山下さんは投稿者を探し続け、２０２２年9月にようやく1人の50歳代の女性に会うことができた。この女性は1人で何本も投稿したわけではなかったが、県議の親族に頼まれて「賛同する」という趣旨の短い意見を送ったという。

そもそもパブコメは住民投票ではない。賛否を問うのではなく、住民からの多様な意見や提案を政策に反映させるために実施するものである。それを賛否に分け、世論のお墨付きを得たかのような形で発表した県議会の手法には問題があったといえるだろう。

しかも、条例案を練り上げた県議会の検討委員会は、議事録を作成していなかった。不透明な政策決定過程、ネット・ゲーム依存をめぐる科学的な議論、反対の声を上げた高校生が憲法違反を訴えて県を相手に起こした訴訟など、山下さんはこの問題を多角的に検証する報道を約3年間にわたって息長く続けた。

## 「審査請求する」と言ったら開示された

その後の施策の検証にも情報公開請求を使った。

県は２０２２年8月、ゲーム条例に基づいた施策として、小中学生が一定期間ネット環境から離れて自然の中で合宿をする「オフラインキャンプ」を初めて実施した。そして、その有効性を検証するために専門家や関係者による検証委員会を設置した。

検証委員会でどんな議論が行われたのかを調べようと、山下さんは２０２２年11月18日付で第1回と第2回の検証委員会について次のような開示請求をした。

**〈「ネット・ゲーム依存の回復に係るオフラインキャンプ等の有効性の検証業務」検証委員会の議事録及び会議資料〉**

県は決定を延長した上で1カ月あまりたった12月27日に一部公開決定を出した。県の情報公開条例も議会と同じく、公開・非公開の決定を請求日から15日以内にしなければなら

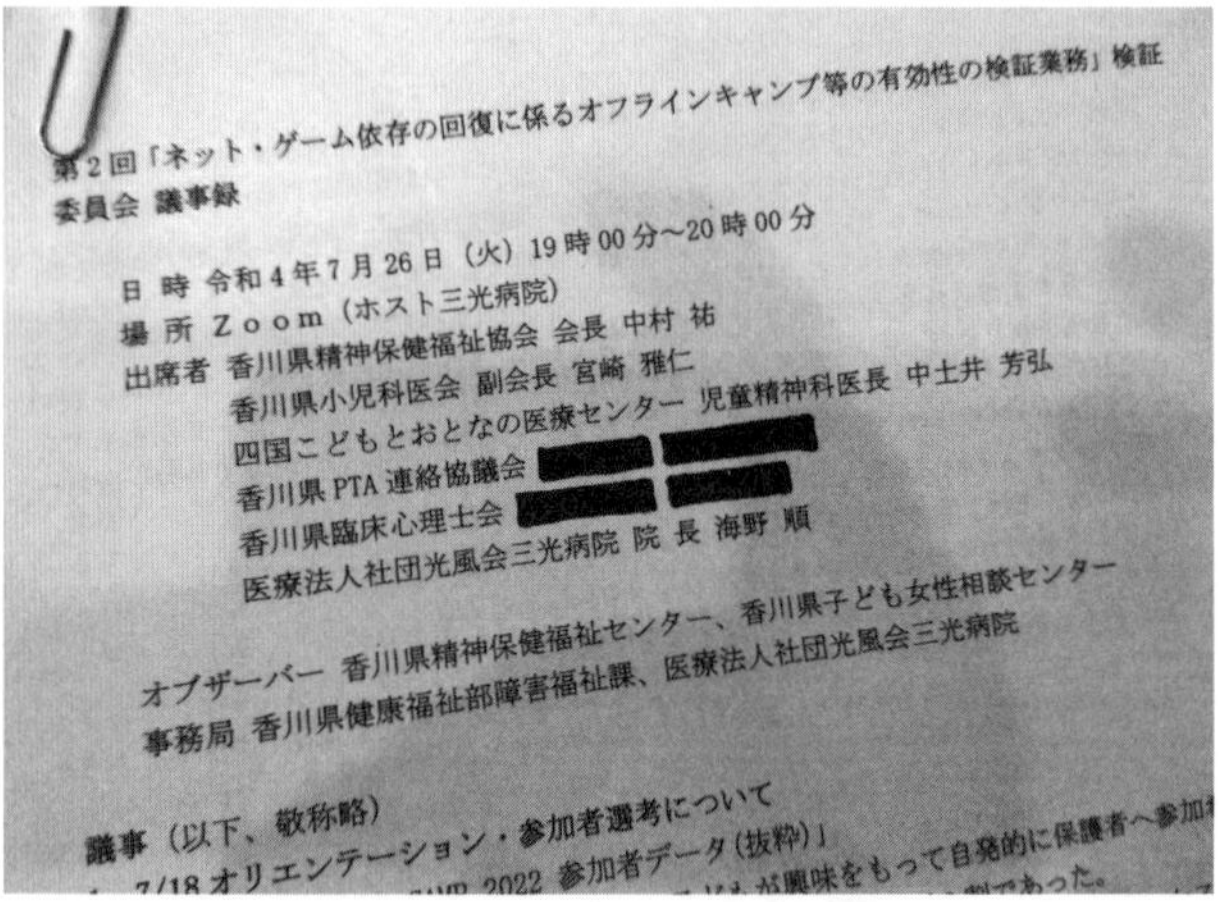

第2回「ネット・ゲーム依存の回復に係るオフラインキャンプ等の有効性の検証業務」検証
委員会 議事録

日 時 令和4年7月26日（火）19時00分〜20時00分
場 所 Ｚｏｏｍ（ホスト三光病院）
出席者 香川県精神保健福祉協会 会長 中村 祐
香川県小児科医会 副会長 宮崎 雅仁
四国こどもとおとなの医療センター 児童精神科医長 中土井 芳弘
香川県PTA連絡協議会 [redacted] [redacted]
香川県臨床心理士会 [redacted] [redacted]
医療法人社団光風会三光病院 院 長 海野 順

オブザーバー 香川県精神保健福祉センター、香川県子ども女性相談センター
事務局 香川県健康福祉部障害福祉課、医療法人社団光風会三光病院

議事（以下、敬称略）
7/18オリエンテーション・参加者選考について
CAMP 2022 参加者データ（抜粋）」

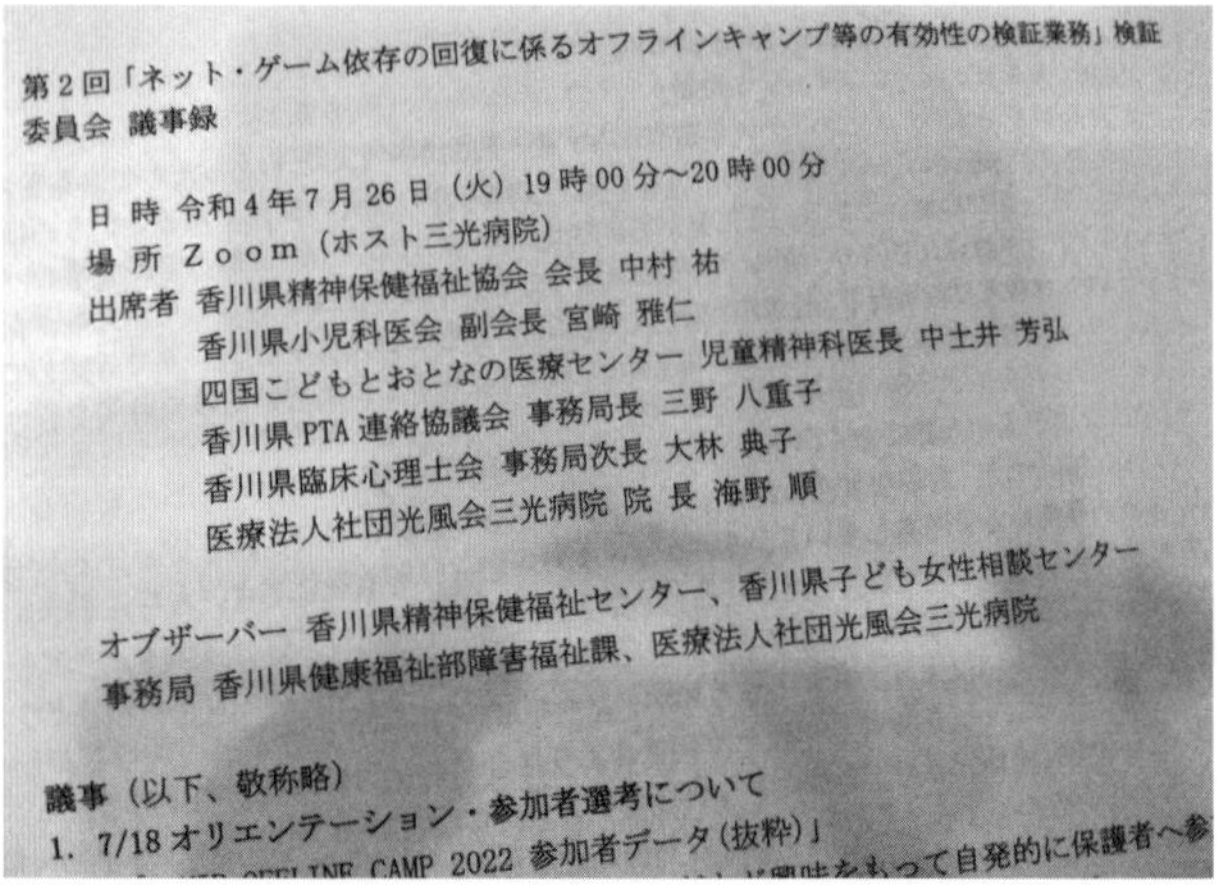

第2回「ネット・ゲーム依存の回復に係るオフラインキャンプ等の有効性の検証業務」検証
委員会 議事録

日 時 令和4年7月26日（火）19時00分〜20時00分
場 所 Ｚｏｏｍ（ホスト三光病院）
出席者 香川県精神保健福祉協会 会長 中村 祐
香川県小児科医会 副会長 宮崎 雅仁
四国こどもとおとなの医療センター 児童精神科医長 中土井 芳弘
香川県PTA連絡協議会 事務局長 三野 八重子
香川県臨床心理士会 事務局次長 大林 典子
医療法人社団光風会三光病院 院 長 海野 順

オブザーバー 香川県精神保健福祉センター、香川県子ども女性相談センター
事務局 香川県健康福祉部障害福祉課、医療法人社団光風会三光病院

議事（以下、敬称略）
1. 7/18オリエンテーション・参加者選考について
「... CAMP 2022 参加者データ（抜粋）」

2人の委員が黒塗りされた文書と黒塗りが外れた文書

ないと定めているが、60日以内の延長が例外的に認められている。

開示資料の議事録部分はほとんど黒塗りがなかったが、なぜか出席した６人の委員のうち県ＰＴＡ連絡協議会と県臨床心理士会から参加した２人だけ肩書と氏名が黒塗りになっていた。他の４人は病院長ら主に医療関係者だった。

「自治体の有識者会議で委員名を非公開にした例は聞いたことがない。審査請求[2]しますよ」

文書を作成した障害福祉課に山下さんが伝えると、しばらくして電話がかかってきた。

「協議した結果、出すことにしました。今、名前をお伝えしますね」

「ちょ、ちょっと待ってください。電話で言うんじゃなくて、決定を取り消して出し直してください」

重要なのは決定を変更させることだった。そうしなければ、委員２人の氏名は非公開という公的記録が残ったままになってしまう。抗議した結果、県は最初の決定について「取消通知書」を出し、新たに一部公開決定通知書を出した。改めて公開された文書を見ると、伏せられていた２人はＰＴＡ連絡協議会事務局長と臨床心理士会事務局次長だった。

---

**2** 不開示や一部開示の決定に不服がある場合に第三者機関に判断を求めることができる制度。行政不服審査法に基づく手続きで、審査請求を受けた自治体は情報公開審査会（正式名称は自治体によって異なる）に諮問する。審査会は学識者や法律家などで構成され、独立した立場から答申を出す。詳しくはＰＡＲＴ２－01「一から分かる情報公開制度」参照。

「なぜあの２人だけ隠す必要があったのか全く理解できません。この経験で、黒塗りを黙って受け入れたらいかんということを知りました」

地道な取材の積み重ねは「検証ゲーム条例」（２０２０年６月27日）、「検証ゲーム条例２」（２０２２年５月28日）という２本の特別番組となった。[3] それ以降の関連報道も多くはＫＳＢのサイトからＹｏｕＴｕｂｅで見ることができる。

一連の報道は全国的な反響も大きく、山下さんはその経緯や取材の舞台裏を記した『ルポ　ゲーム条例』[4]を２０２３年４月に出版した。同じような問題が香川県だけではなく、日本のあちこちに潜在している可能性を考えさせられる本である。

## 原点は入社３年目の贈収賄事件と百条委

ゲーム条例問題で特筆されるのは、山下さんがパブコメに疑問を感じた翌日、即座に情報公開請求をしているところだ。その「反射神経」はどこで培われたのだろうか。

原点は入社３年目だった２００５年に遭遇した高松市の特別養護老人ホーム新設をめぐる贈収賄事件だったという。社会福祉法人の理事長と市議が老人ホーム認可で便宜を図ってもらった見返りに、市の助役に現金３００万円を渡したという事件である。贈賄側、収賄側とも起訴事実を認めて翌年に有罪が確定している。

経緯は次の通りだ。

この社会福祉法人は２００２年に国の補助事業の募集があった際、老人ホームの整備計画を市に申請したが、応募した4施設中3位で落選した。しかし、直後に国の補正予算に伴う追加募集があり、最初の募集で2位だった施設を逆転して選ばれた。事業者選定は市幹部による審査会が担っており、実力者といわれていた助役は副会長だった。

その特別養護老人ホームは２００４年に完成した。

香川県警は２００５年に助役らへの事情聴取を始め、２００６年に理事長、市議、捜査中に辞任した元助役を逮捕。贈賄の容疑者だったもう1人の市議は失踪し、２０１２年に高松市内の池に沈んでいた軽乗用車から遺体で見つかった。

山下さんは当初、県警の捜査を追う通常の取材をベースに「福祉と利権の構造」というシリーズの報道を続けていた。しかし、元助役らの公判中に高松市議会が調査特別委員会（百

3 ＫＳＢ瀬戸内海放送「検証ゲーム条例」「検証ゲーム条例２」
https://www.ksb.co.jp/game/

4 山下洋平『ルポ　ゲーム条例――なぜゲームが狙われるのか』河出書房新社、２０２３
https://www.kawade.co.jp/np/isbn/9784309231266/

条委員会)を設置したことが転機となった。

百条委は事業者の選定過程が贈収賄によってゆがめられたかどうかを調査するのが目的だったが、9回の会合の結果、選定過程に不正はなかったとの報告書を可決した。

「元助役から聞き取りもせず、あっさり結論を出しました。賄賂のやりとりはあったけど、審査は適正だったという。それでいいのかと思ったんです」

そこで山下さんは百条委の議事録を読み直し、それを手掛かりに、事業者の選定過程が記された記録を探すことにした。その結果、興味深い文書が二つ見つかった。

一つは裁判記録の中にあった。確定した刑事裁判の記録は1審を担当した検察庁が保管することが刑事確定訴訟記録法で定められている。申請をして検察官(保管検察官)の許可が得られれば閲覧や謄写ができることになっている。

法廷に検察側が提出した証拠の中に、県警が押収した「平成15年度国庫補助施設整備事業募集　議会事前説明における発言内容」という高松市の長寿社会対策課長が作成した文書があった。市の担当職員が市議に説明した内容の記録である。そこには、こんなことが記されていた。

【△△副議長(文書では実名)】(7／3(水))

○特別養護老人ホームについては、すでに候補が決定しているかのような噂がある。(これから募集するのであり、そのような事実はない旨説明した)

○△△△（社会福祉法人名。文書では実名）に決定したとゼネコンがあいさつに来た。審査どころか、募集が始まる前に結論が出ていたことをうかがわせる内容だった。

もう一つの文書は、高松市に情報公開請求をして開示された。市が事業者選定の審査会に提出した「整備計画評価表」だった。事業者から提出された計画について、基本理念、立地条件など6項目を点数で評価した表で、やはり長寿社会対策課が作成したものだ。

評価表によれば、追加募集の審査会で逆転の決め手になったのは「施設の適正配置」という項目、つまり他の施設との位置的なバランスだった。最初の審査会で2位だった施設は、1位で認可された施設と建設予定地が近いとして減点されていた。しかし、両施設の立地予定エリアは、贈収賄事件の舞台となった施設の予定地に比べて14倍も人口の多い地域であり、適正配置を理由とした減点には疑問が残った。

そもそも評価表の基準自体が職員の主観に左右される面が大きい。贈収賄事件の舞台となった施設は池のほとりにあり、落選した２００１年度の審査の際には防災面で懸念があるという理由で減点されていた。ところが、２００２年度は「緑と池に囲まれ、自然環境に優れている」と逆にプラス評価になっていた。

裁判記録にあった警察の押収資料には、助役に贈賄を仲介した市議の「昨年のような理由で選定漏れとなることがないように」という要望が記された市職員のメモもあった。

それらの文書を基に山下さんは「百条委が暴かなかった事実」というタイトルのニュース

を放送した。「福祉と利権の構造」シリーズは百条委に焦点を絞って続けたが、元助役らの有罪判決が出たこともあり、他メディアの報道は下火になっていた。

「ほとんど『一人旅』で何も変わらなかったんですが、僕の中では情報公開請求を利用して行政のおかしなことを追及したという原体験になりました」

## 県議の政務活動費と海外視察を追及

２０１４年には香川県議会議員の政務活動費の使い方に一石を投じた。

政務活動費は政策立案のための調査研究活動に充てる名目で、議員報酬とは別に自治体の税金から支給される。しかし、収支報告の公開やチェック体制が不十分で不正の温床になってきた歴史がある。２０１４年7月、後に詐欺などの罪に問われた野々村竜太郎兵庫県議（当時）の「号泣会見」で注目され、その後各地で一定の制度改革が進んだ。

「号泣会見」をきっかけに、山下さんと同僚記者は香川県議会の実態を調べようと考えた。香川県議会では政務活動費の収支報告書に２０１３年度分から全支出の領収書添付が義務付けられた。県議会図書室で閲覧することもできたが、時間をかけて分析するために、それらの領収書を情報公開請求してコピーを入手した。

大量の領収書を見てみると、会派を問わず何人もの県議が「意見交換会費」として自治会、地域の祭りの実行委員会、さらには趣味のサークルにまで、１万円または５０００円を払っているケースが次々に出てきた。中には１日に13件支払った県議がいたり、会合の場所が焼き肉店だったりしたケースもあった。

「要は、地域の集まりに顔を出しては現金を配っていたわけですよ。それを県政に関する意見交換という名目にして政務活動費から出していた。受け取る側も『そういうもんや』という感覚で、ずっと続いていたんですね」

しかし、それは公職選挙法が禁じる有権者への寄付に限りなく近い行為だった。ＫＳＢ瀬戸内海放送は、その実態を２０１４年８月に初めて報道。それを受けて高松市の市民団体「市民オンブズ香川」が調査をし、２０１５年には当時の浜田恵造知事に対して35人の県議に政務活動費計約３７００万円の返還を請求するよう求める住民訴訟を起こした。

その結果、６年後の２０２１年４月に、高松地裁は県議23人の意見交換会費支出について「調査研究との関連が薄い」として違法と認定し、浜田知事に計約９７０万円の返還請求をするよう命じた。しかし県は控訴し、県議会議長も「社会通念上認められる費用負担」などと反論。さらに争う構えを見せた。

裁判が続いている間、「意見交換会費」の支出は同じように続けられていた。そのため市民オンブズ香川は住民訴訟の判決から2カ月後、２０１９年度の支出について公選法違反の寄付にあたるとして当時の県議21人を高松地検に刑事告発した。最終的には不起訴となったが、多くの県議が事情聴取されるなど県政に与えた衝撃は大きかった。結局県は２０２１年に住民訴訟の控訴を取り下げ、県議らは違法と認定された政務活動費を県に返した。

さらに県議会は２０２２年、飲食への政務活動費の支出を不可とするなど、従来のような意見交換会費の使い方ができないようマニュアルを改定した。山下さんらの報道から８年たって、ようやく改善されたことになる。

県議会の問題はそれだけにとどまらなかった。

２０１７年7月に最大会派「自民党議員会」の県議6人がドイツ、スイス、イタリアの視察に出掛けた際の現地での様子がフジテレビ系列の番組「金曜プレミアム　実録！　金の事件簿2」で放送された。議員らが観光地を歩いたり昼間から酒を飲んだりしている場面が隠し撮りされており、「観光旅行ではないか」との批判が県議会事務局や県に殺到。県議会は、それまで不要だった視察報告書の作成を義務付けるなどルールづくりを余儀なくされた。

これも市民オンブズ香川による住民訴訟の結果、旅費約７６０万円について県議らに返還請求するよう知事に命じる高松地裁判決が２０２２年に確定している。

一定のルールができた後、海外視察はどうなったのか。山下さんはそれを検証するため、何度か県議会に情報公開請求を試みた。開示された視察報告書の中にネット記事のコピペと思われる不自然な記述を見つけたこともあった。

例えば２０２０年12月23日には次のような請求をしている。

**〈平成31年1月1日～令和元年12月31日までの間に行った議員視察の行先、日程、参加者、目的及び経費が分かる文書〉**

同時に令和２（２０２０）年分も同じ文言で請求した。すると「各議員の海外視察旅費一覧」「各議員の海外視察に係る旅費執行伺兼支出命令書及び戻入伺書」「各議員の県外視察旅費一覧」「各議員の県外視察に係る旅費執行伺兼支出命令書及び戻入伺書」「各議員の県内視察旅費一覧」——といった文書が開示された。

このときは、ニュースになるほどの不審な点は見つからなかったが、こうした日常的な情報公開請求の積み重ねが、ゲーム条例問題での素早い反応につながったのだった。

## 「船の体育館」解体表明の過程を調べる

本稿取材時、山下さんが取り組んでいたのは旧香川県立体育館の解体をめぐる県の意思決定過程の解明だった。

旧県立体育館は世界的な建築家、丹下健三が設計し、１９６４年に建設された。船のような形をした斬新なデザインの旧体育館は「船の体育館」として親しまれてきたが、老朽化が進み、２０１４年に閉館した。貴重な建築物であることから、地元の建築家らが保存を求めて活動する一方、体育館を管理する県教委も民間から意見や提案を募る「サウンディング型市場調査」（対話型市場調査）をするなど、残して活用する方向も模索してきた。しかし、２０２３年2月、教育長が記者会見で解体する方針を表明した。

「その決定過程があまりにも不透明でした。サウンディング型調査ではそれなりに建設的な意見も出ていたのに『実現可能性がない』の一言で片づけられ、2月県議会には解体関連予算案が提出されたのに議員からは一つも質問が出なかった。そこで、県庁内でどういう議論を経て解体という結論に至ったのか情報公開請求をしたわけです」

２０２３年6月6日付で山下さんは県教委に次のような情報公開請求をした。

**〈旧香川県立体育館を巡って、**

**・令和３年度に行ったサウンディング型市場調査の提案内容、提案者との面談の記録、および調査結果についての庁内での検討過程が分かる文書**

**・解体の方針を決定するに至るまでの庁内での協議内容（過程を含む）が分かる文書〉**

前述のゲーム条例関連の文書と同じように、このときも県は決定を延長し、60日の期限間際の8月2日に一部公開決定通知を出した。

それを見て山下さんは驚いた。庁内の協議内容が分かる文書として開示されたのが知事と教育長の記者会見録だったからだ。内部での協議内容を記録した文書は皆無だった。「それはあんまりだろうと。『過程が分かるもの』ではだめらしいので、表現を変えて請求することにしました」

8月7日付で改めて行った情報公開請求は次のような文言にした。

**〈旧県立体育館の解体の方針について協議を行った定例、または臨時の打ち合わせの開催日時、出席メンバーがわかるもの。参集の呼びかけ連絡など。およびその議事メモ〉**

**〈池田知事就任後、教育委員会から、旧県立体育館の休館まで、およびその後の経過について説明・報告した際の資料〉**

香川県では2022年8月の知事選で浜田恵造前知事が引退し、池田豊人知事が初当選していた。後者の請求をしたのは、新知事に必ず引き継ぎがあったはずだとにらんだからだ。山下さんはさらに知恵を絞り、8月14日には次のように追加請求した。

**〈香川県公文書等の管理に関する条例第4条に基づき、旧香川県立体育館の解体方針決定の経緯も含めた意思決定に至る過程を合理的に跡付け又は検証できるよう作成した文書〉**

香川県は公文書管理のルールを条例で定めている数少ない自治体の一つだ。[5] 香川県公文

---

5 2022年の内閣府の調査によれば、公文書管理条例を定めている都県は香川県を含め15ある。内閣府「地方公共団体における公文書管理の取組調査」
https://www8.cao.go.jp/chosei/koubun/local/mieru/mieru.html

5

書管理条例[6]の第4条は、現在と将来の県民に対する説明責任を果たすためとして、県に対して意思決定過程を後から検証できる文書を残すことを義務付けている。国の公文書管理法[7]の第4条をそのままなぞった規定だ。

山下さんが公文書管理条例を持ち出して開示請求をしたのは、県が文書を不存在と回答してきた場合に公文書管理条例違反に問えるのではないかと考えたからだ。

7日と14日に出した請求は延長されることなく、21日にまとめて決定が出た。しかし、いずれも「県では請求に係る行政文書を作成および取得しておらず、当該文書が存在しない」という回答だった。いわゆる「不存在」による非公開である。

そこで、決定通知を手渡されたときに担当職員に「公文書管理条例違反じゃないですか」と問うと、こんな答えが返ってきた。

「いや、まだつくっていないということです。予算がついて本当に解体が行われることになったら、それまでにはつくりますよ」

今はないが、これから作成するという巧妙な論法だった。山下さんは、この「文書不存在」をただちに報じることは断念せざるを得なかった。

情報をなかなか開示しようとしない県の姿勢に憤りを覚えながら、それでも得られたものはあると山下さんは言う。

「意思決定過程を見せたくないという意思はすごく伝わってきますよね。期限の2カ月ぎりぎりまで検討した結果、記者会見録を出してきたわけですから。本当に記者会見録しかないなら2週間で出せるじゃないですか。やっぱりそこには『何かあるんや』と思わざるを得ない」

もう一つは、少ないながらもヒントになる資料が開示されたことだ。6月の請求で開示された中に「サウンディング型市場調査連絡会（第2回）」という文書があった。県庁内関係各課の中堅幹部による会議の議事次第で、メンバーの名簿も添付されていた。この会議の存在を山下さんは開示文書で初めて知った。取材先の絞り込みにも役立ちそうだ。

「しつこく取材しながら、その過程も含めて、いずれ何らかの形でアウトプットしようと思っています」

6 香川県公文書等の管理に関する条例
https://en3-jg.d1-law.com/kagawa-ken/d1w_reiki/42590101000500000000/42590101000500000000/42590101000500000000.html

7 公文書等の管理に関する法律
https://elaws.e-gov.go.jp/document?lawid=421AC0000000066

6

7

## 「検証」のツールとして

山下さんの一連の仕事に共通するのは、一度報じられたニュースを検証することへの強い意思だ。山下さんは『ルポ　ゲーム条例』にこう書いている。

「ニュースのネット配信が当たり前となり、新聞もテレビも『速報性』がより求められるようになった。伝え手も受け手も、次から次へと起きる大きなニュースに脊髄反射的に飛びつき、消費していく。話題になったニュースも時間がたてば忘れられ、その後どうなったかという事後の検証がなされることは少ない。そんな自省を、番組のキャッチコピーに込めた。『条例ができたら終わり、ではない』」

情報公開請求はそもそも、速報には向かない。しかし検証のツールとしては有用である。山下さんは、それを日常的に実践してきたと言えるだろう。

「粘り強くやるとポロポロと情報が出てくることがある。主張すれば相手が対応を変えることもある。一つひとつ、実地で学びながらやってきた感じです。行政に『なめられてるなあ』と思うこともあるんです。食い下がるところは食い下がっていかないと」

# 02

# 基礎データ収集に使う

## ――「日経式調査報道」の手法

日本経済新聞調査報道グループ

### オープンデータと情報公開請求を組み合わせる

日本経済新聞は２０１７年４月に調査報道専門のチームを発足させて以来、公開情報をベースとした調査報道で異彩を放ってきた。２０２１年４月からは社会・調査報道ユニット調査報道グループとなり、最近ではＯＳＩＮＴ（オープン・ソース・インテリジェンス）とデータ・ビジュアライゼーション（データの可視化）を組み合わせた報道をウェブで展開するなど、最先端の取り組みを続けている。

メンバーは部署を横断して集められた15人強で、編集局内にいるコンピュータープログラミングとデータ分析が得意な記者と緊密に連携している。

取材の際には情報公開請求を積極的に使ってきた。中でも情報公開請求が重要な役割を果たしたのは、２０２１年8月以降、国の財政規律の崩壊ぶりを追及してきた調査報道シリーズ「国費解剖」である。

借金頼みで１００兆円を超え、なおも膨らみ続ける国家予算の無駄遣いを丹念な取材で明らかにした報道は、２０２２年11月、石橋湛山記念早稲田ジャーナリズム大賞公共奉仕部門奨励賞に選ばれた。２０２３年2月には『国費解剖』[8]として書籍化された。その前書きで、取材班を指揮した鷺森弘調査報道グループ部次長（現グループ長）はこう書いている。

「私たちは日本の財政に潜む病巣を発見し、解剖し、その病理を明らかにする作業を繰り返した。そのための武器としたのが『データ』だ。実は普段目に触れることはなくても、国や自治体は膨大な統計や資料を公表している。オープンデータに加え、数多くの行政資料を情報公開請求し、手元にたぐり寄せた」

オープンデータとは、公的機関がウェブサイトなどで自発的に公表しているデータのことだ。オープンデータと情報公開請求を組み合わせる手法は「日経式調査報道」の特徴の一つでもある。

「国費解剖」の底流に一貫しているのは「国民の税金は適正に使われているのか」「将来世代にツケを払わせていいのか」という問い掛けである。「国費解剖」の四つの具体例について鷺森さんと、取材班キャップの朝倉侑平記者に解説してもらった。「国費解剖」以外の取り組みについても後述したい。

## 中小企業支援の無駄を追及

最初の例は、中小企業支援に投じられた税金の無駄遣いである。

「経営改善支援センター」という公的な相談窓口が47都道府県に１カ所ずつ設置されている。国の委託を受けて商工会議所などが運営している。

資金繰りに苦しむ中小企業が金融機関に返済条件の変更を求めようとすると、経営改善計画をつくって金融機関に認めてもらわなければならない。計画づくりのために税理士や中小企業診断士などの専門家の支援を受けた場合、国から費用の３分の２の補助を受けられる制度がある。その申請や相談を受けているのがこのセンターである。

ところが実際には利用者が少なく、予算の多くがセンターの運営経費に消えていた。２０１２～19年度の間、利用者への補助金として支出したのが約１０５億円。人件費などの管理費に充てられたのが約67億円。支出の４割が運営経費だった計算になる。

---

8　日本経済新聞社編『国費解剖――知られざる政府予算の病巣』日本経済新聞出版、２０２３
https://bookplus.nikkei.com/atcl/catalog/23/02/06/00644/

8

この事実は２０２１年9月14日に「過剰人員が基金食い潰す　管理費４割の中小支援事業も」（掲載年月日、見出しは電子版を引用。この章では以下同じ）との記事になった。

端緒は「基金シート」の分析だった。

基金は国の税金を原資とし、複数年度にまたがる事業の財源として独立行政法人や公益財団法人、地方自治体などが運営している。それを設置することを「造成」という。各基金の目的や運営状況、使途、収支、残高などは所管省庁が年度ごとに「基金シート」にまとめてウェブで公表している。行政改革の一環として２０１３年に導入されたオープンデータである。内閣官房行政改革推進本部のサイトに各省庁の基金シートへのリンクがまとめられている。[9]

かねて基金は無駄遣いの温床と指摘されてきた。新設や増額には国会の議決が必要だが、一度造成されると外部のチェックが働きにくいからだ。

そこで取材班は基金を徹底的に調べることにした。２０１３〜20年度の１５００件の基金シートをすべてダウンロードし、独自にデータベース化した。その作業に３カ月かかった。

そして、このデータベースを使って予算規模が大きいいくつかの基金に注目して、造成時にさかのぼって収支を集計したところ、支出に占める管理費の割合が異様に大きい基金が見つかった。それがこの中小企業支援事業だった。

運営していたのは中小企業庁所管の独立行政法人「中小企業基盤整備機構」（通称・中小機構）で、資金は中小機構から前述の経営改善支援センターに支出されていることも分かった。朝倉さんは言う。「それだけでも書こうと思えば書けたのかもしれませんが、見出しになるインパクトのあるファクトが欲しいと思って、さらに取材することにしました」

独立行政法人には情報公開制度がある。そこで、詳細を知るために２０２１年5月17日付で次のような情報公開請求をした。

**〈中小企業庁からの補助金をもとに中小企業基盤整備機構が実施する「認定支援機関による経営改善計画策定支援補助金により造成された基金」事業について、平成25年度から令和元年度までに各経営改善支援センターにおいて支出された補助金の費目・使途・金額がわかるすべての法人文書〉**

その結果、各地の商工会議所などが毎年度末に中小機構に提出する経営改善支援センターの実績報告書が47都道府県の7年分、計３２９部も開示された。そこには管理費の内

9 内閣官房行政改革推進本部「基金シート」
https://www.gyoukaku.go.jp/review/kikin/index.html

9

訳、職員数、補助金の申請や取り下げ件数などが記されていた。十分なデータ量だった。

開示資料もデータベース化したいと考えていたので、紙ではなくＰＤＦファイルで開示を受けたが、字が薄かったり粗かったりしてＯＣＲ（光学文字認識）ツールで読み取れない文書が多かった。「たぶん、ファクスで送られてきたものをコピーしたんだと思います」（朝倉さん）。結局すべて手作業でエクセルに入力し、データベース完成までに1週間かかった。

いったんデータベース化してしまえば、あとはスムーズだった。どのセンターで、どの年度にどんな支出が多いかが一目瞭然だった。例えば、沖縄のセンターでは利用者への補助金の支払いよりも人件費の方が多くかかっていた。

日経の調査報道グループは取材班ごとに毎週1回、定例の会議を開いている。データから明らかになった事実をどう記事に落とし込むのか、そういう場で議論して決める。「この場合は『見出しで打ち出せるのは人件費だな』となったわけです」と、鷺森さんは振り返る。

## 政府とコンサルの高額契約を明らかに

次の事例は、政府が大手コンサルティング会社や広告代理店に依存している実態を明らかにした報道である。

新型コロナウイルス感染症が拡大していた時期、スーパーコンピューター「富岳」を使った飛沫拡散のシミュレーションＣＧが繰り返し報じられたことは記憶に新しい。

　この研究は内閣官房が２０２０年度の第2次補正予算に計上したコロナ調査研究事業の一環だった。２０２１年度までの2年間で１２０億円を投じ、感染防止や感染拡大の早期探知に貢献する技術の確立を目指して約30件のプロジェクトが実施された。

　実は、この事業を実質的に仕切っていたのは三菱総合研究所だった。プロジェクトの公募や審査、資機材の調達など、あらゆる業務を同社が請け負った。通常は国が自ら行う運営や調整などの仕事もまとめて発注する「委託」という形態の契約だったからだ。

　民間委託は官庁の肥大化を防ぐ効果がある。しかし、いったん委託されてしまうと、税金の使途が見えにくくなる弊害がかねて指摘されてきた。費用の大半を人件費が占めるため、公共工事や物品調達と違って適正な価格の見極めも難しい。

　委託契約のブラックボックスを解き明かせないか——と取材班の会議で話題になった。きっかけは、２０２０年に発覚した「持続化給付金」問題だった。新型コロナの影響で資金繰りに苦しむ中小企業に現金を支給する事業をめぐり、受注した一般社団法人サービスデザイン推進協議会が事実上、電通に丸投げし、その先で再委託が繰り返される不透明な実態が明らかになっていた。

　委託事業全体の構図を明らかにしようと取材班の方針が決まった。まず、各省庁がウェブサイトで公表している契約先を集計した。すると大手コンサルと広告代理店計13

社・グループへの委託が急増していたことが分かった。この13社・グループへの委託額は２０２０年度計１２３４億円で、２０１９年度の４・２倍となっていた。

何か問題がありそうだ。そこで情報公開請求の出番となった。

取材班は委託契約をしている各省庁に対し、個別の契約について、見積書を中心とした詳細な記録を開示請求した。例えば前述の内閣官房によるコロナ調査研究事業については２０２１年７月６日付で次のように請求書に書いた。

**〈２０２１年3月31日に株式会社三菱総合研究所と契約した「ポストコロナ時代の実現に向けた主要技術の実証・導入に向けた調査研究業務」に係る▽予算要求の際に取得した見積書▽予定価格算出の際に取得・作成した見積書並びに積算書▽予定価格調書▽入札調書▽入札価格内訳書（添付文書含む）▽実績報告書（添付文書含む）▽検査調書　※委託契約ではなく請負契約の場合は上記に係る▽予算要求の際に取得した見積書▽予定価格算出の際に取得・作成した見積書並びに積算書▽予定価格調書▽入札調書▽入札価格内訳書（添付文書含む）▽検査調書〉**

「○○に関する文書」といった書き方ではなく、最初から具体的に文書を特定したのは、それまでの取材で委託契約に至る過程で作成される文書の種類がほぼ分かっていたからだ。

最も知りたかったのは１人１時間当たりの人件費だった。内閣官房は黒塗りだったが、単価を開示した省庁もあった。総務省や文部科学省の事業では最高で３万３９５０円、最低でも1万円を超えていた。年収に換算すると1億円を超えるレベルである。

大手は中小に比べて人件費が高い。にもかかわらず入札は1者応札が目立った。競争原理が働かない状態で国が大手コンサルに依存している実態が浮かび上がり、2022年6月7日に「国の委託、競争働かず　コロナ下で強まるコンサル頼み」という記事に結実した。

内閣官房のように十分なデータがなかった省庁もあった。しかし、鷺森さんは言う。「審査請求をしていたら時間がかかってしまう。複数の省庁から得た開示資料をつなぎ合わせたら、概要はつかめました。できる範囲で弾を込めて発射することを優先させました」

報道にはタイミングも重要である。得られた情報と手間を比較衡量し、どうしたら最大限効果的な報道ができるかという現実的な判断も常に必要となる。

## 東京オリンピック関連事業の実績水増しを暴く

三つ目の事例はスポーツ事業の実績水増しである。

東京オリンピック・パラリンピックの開催が決まった後、外務省とスポーツ庁が「スポーツ・フォー・トゥモロー」と名付けた国際貢献事業を始めた。2015～21年度に計80億円の予算が計上され、その一環として2019年6月、バングラデシュの難民キャンプに中古のサッカーボール126個が寄贈された。隣国ミャンマーで迫害された少数民族、ロヒンギャの人々が暮らすキャンプである。

外務省とスポーツ庁が出したプレスリリースには、この寄贈で恩恵を受けた人は「約12万人」と記されていた。1個のボールを１０００人で使った計算になる。

何か怪しい。そう感じた朝倉さんは、この事業を深掘りすることにした。その結果、２０２２年6月25日に「国際スポーツ貢献、実績を水増し『１３００万人に恩恵』」という記事を出すことができた。

端緒は「行政事業レビューシート」だった。行政事業レビューシートは、各省庁がすべての事業ごとに作成してウェブサイトで公表している。事業の概要、目標、財源、予算の支払先、契約先の企業などが一覧でき、国の税金の使われ方を調べるには欠かせない資料である。

各省庁が自らの予算執行を点検する目的で、民主党政権時代の事業仕分けから派生した仕組みだ。前述の基金シートと同じく、内閣官房行政改革推進本部のウェブサイトに各省庁の行政事業レビューシートへのリンクがまとめられている。[10]

「そのころは、なかなかいい案が出せなくてスランプに陥っていました」と朝倉さんは振り返る。調査報道グループはチーム取材もするが、記者個人が見つけてきたネタや企画案を重視している。それが記者のモチベーションにもつながるからだ。

朝倉さんはそこで、国全体で約５０００ある事業のレビューシートにすべて目を通してみることにした。３日間ほどかかったという。

すると、壮大な成果目標を掲げた事業を発見した。「２０１４年から２０２０年までの７年間で、開発途上国をはじめとする１００カ国以上、１０００万人以上のあらゆる世代の人々にスポーツの価値とオリンピック・パラリンピック・ムーブメントを広げていく」。その指標として「２０１４～20年の間の『スポーツ・フォー・トゥモロー』プログラムによる裨益者《ひえきしゃ》数」が掲げられていた。「裨益者」とは受益者のことである。

「いかようにもカウントできる目標だと直感しました」と朝倉さんは言う。

スポーツ・フォー・トゥモローをネットで検索すると、「１００カ国以上１０００万人」を１年前倒しで達成したと自賛する外務省・スポーツ庁のプレスリリースが出てきた。そこにサッカーボールの件が記されていたのである。この事業に関わったＵＮＨＣＲ（国連難民高等弁務官事務所）に取材すると、外務省による受益者の算定根拠があやふやであることが分かった。ほかの事業にも何かがあるはずだと考え、情報公開請求をすることにした。

---

10 内閣官房行政改革推進本部「各府省庁の行政事業レビュー」
https://www.gyoukaku.go.jp/review/fusyo/index.html

10

レビューシートから、この事業は文部科学省所管の独立行政法人日本スポーツ振興センター（ＪＳＣ）が担っていたことが分かっていた。そこで、２０２１年10月15日付でＪＳＣに次のように情報公開請求をした。

〈平成27年度から令和２年度にかけての文部科学省およびスポーツ庁委託事業「スポーツ・フォー・トゥモロー」に関し、①貴法人が事務局として取りまとめた各個別事業の実施内容・裨益者数が記載された文書（事務局発表によると、２０２１年３月末までに裨益者数１２４６万３９４４人、実施件数７４０８件）、および②貴法人が委託を受けて実施した「戦略的二国間スポーツ国際貢献事業」の支出の内訳が記載された文書（文部科学省の発表によると、平成27～令和２年度の交付総額は13億円余り）〉

ＪＳＣは事業の記録をデータベースで管理し

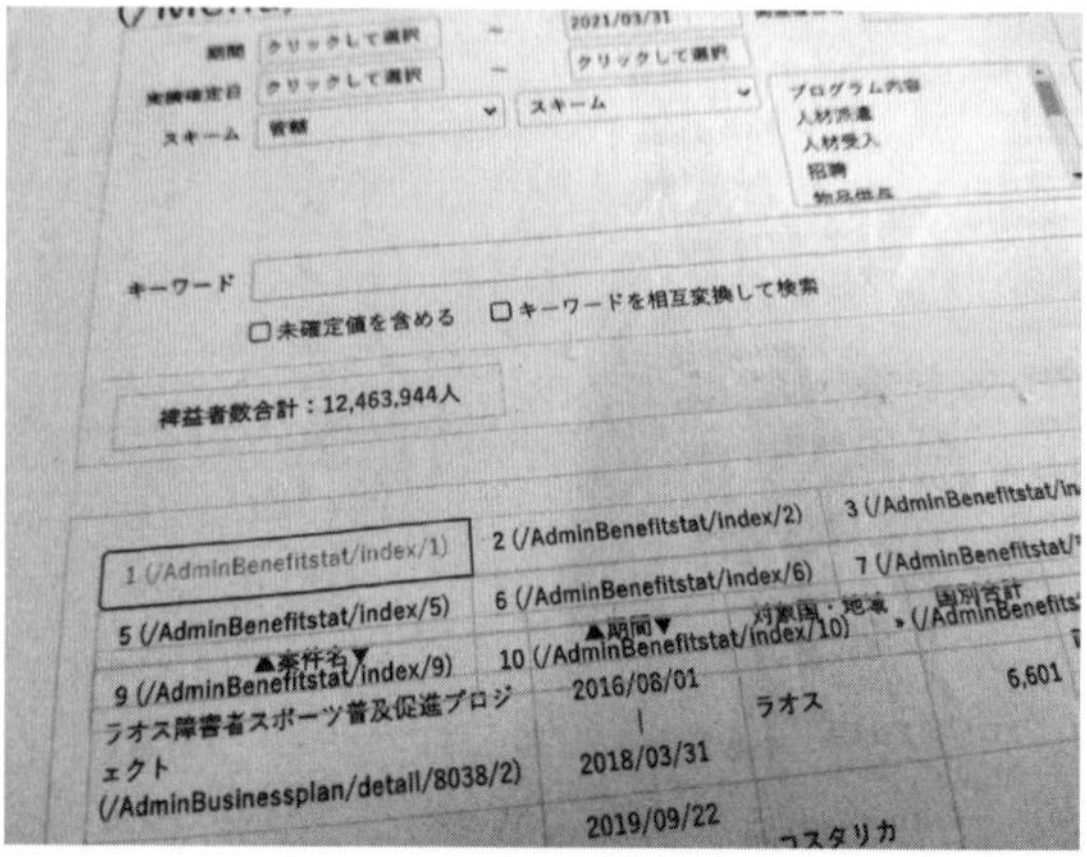


JSCが開示した文書の一部。コンピューター画面をそのまま印刷したため、表示が乱れている。検索窓もそのまま印字されている

ているというので、電子データで開示してほしいと求めた。情報公開法は電磁的記録も開示の対象と定めている。しかし「前例がない」と断られ、Ａ４判５６５枚の紙の文書が開示された。

ところがその文書は、コンピューター画面をそのまま印刷したもので、検索窓があったり、文字が重なっていたりとあちこちが乱れていた。ＯＣＲツールによるデータベース化は断念せざるを得なかった。

結局、５６５枚すべてを目で見て不自然な事業を選び出し、それぞれ直接取材することにした。「国際貢献事業は主催者がネットでＰＲしているケースが多くて、関係者を探すときに大いに役に立ちました」と朝倉さんは話す。当事者が非を認めるケースと認めないケースがあったが、取材によって不合理だと判断すれば、いずれも記事にすることにした。

その結果、ベトナムで開かれた「健康長寿広報展」で11万人が受益と過大に算定、西アフリカでは井戸掘削や学校菜園整備、図書館整備などスポーツと直接関係ない事業も成果に算入――といったずさんな実態が次々に明らかになった。

背景をたどると、２０１３年に開かれた国際オリンピック委員会総会での安倍晋三首相の言葉に行き当たった。２０２０年夏季の招致を競った最終プレゼンで安倍氏は「２０２０年頃までには（日本は）スポーツの喜びを、１００を超す国々で１０００万人に届けているはずなのです」と述べていた。これを実現するために発足したのが「スポーツ・フォー・

トゥモロー」であった。

成果の検証なしにつじつま合わせが行われていた予算執行の実態が浮かび上がったのである。

## 新型コロナ「幽霊病床」の構造を描く

最後の例は「幽霊病床」だ。

新型コロナ感染症の拡大で、政府は都道府県を通じて病院に「病床確保料」という補助金を支払った。コロナ患者受け入れのために病床を空けたり、コロナ対応で通常の病床を休止したりすると病院は収入が減る。その分を補填するためである。総額は２０２０～21年度で3兆円に達した。しかし、補助金を受け取りながら患者を受け入れない「幽霊病床」があるとの指摘が相次いでいた。

批判を受けて国は２０２２年1月、「直近3カ月間の病床使用率が都道府県平均の7割未満」の病院は補助額を3割減らすという基準を打ち出していた。

「幽霊病床自体はいろいろなところで報じられていたので、そこにどれだけ補助金が入っているのか、網羅的にあぶりだせないだろうか、と考えました」と鷺森さんは言う。

取材班で議論した結果、個別の病院について①どれだけ補助金を受け取っていたか②どれだけ入院患者を受け入れたか――というデータを感染者数のピーク時に絞って入手し、検証してみることになった。

　補助金を病院に交付するのは都道府県である。コロナ病床の問題を追いかけていた小西雄介記者は、47都道府県に対して同じ内容の情報公開請求をすることにした。対象とする感染のピークは第3波から第6波に設定した。「病床確保料」が導入された直後の第2波を除外したのは、日々の入院患者数を正確に把握していない都道府県が一定数存在したためだ。ピークに達した時期は地域によって違うので、まず、全都道府県のピークの年月日を調べてから、それぞれ2通ずつ開示請求をした。例えば北海道に対しては２０２２年６月15日付で次のように請求した。

**①〈令和2年度ならびに令和3年度の新型コロナウイルス感染症緊急包括支援金（医療分）の病床確保事業に係る医療機関別の病床確保料の交付請求額及び交付額が分かる資料〉**

**②〈令和2年12月9日、令和3年5月26日、9月1日、令和4年2月16日時点の医療機関別の新型コロナウイルス感染症の確保病床数、即応病床数、入院中患者数が分かる資料（該当する月日の資料がない場合は最も近い月日のもの）〉**

「新型コロナウイルス感染症緊急包括支援金」とは、補助金の財源の正式名称だ。この開示請求の結果、41府県は全面開示した。北海道は①②の両方、宮城、福井、福岡、大分の各県は①か②のどちらかを不開示。東京は①を不開示とし、②の国公立病院分だけ開示した。

病床使用率そのものを開示請求する選択肢もあったが、そうはしなかった。鷺森さんは言う。

「使用率は自治体ごとに算定基準が違うんですね。それを比較しても実態は分からないのではないかと。基礎的な数字を出してもらえば、こちらの責任で計算できます」

４回のピークのうち２回以上で病床使用率が都道府県平均の７割未満だった病院を「低稼働」と定義し、データを集計した。その結果、低稼働の計４０４病院に２年間で３６６０億円超が交付され、うち６割超は国公立・大学病院だったことなどが判明。コロナ用に病床を割くほど補助金で儲かっていた構図が浮かび上がった。そして２０２２年12月26日に「コロナ病床『低稼働』病院に補助金３６６０億円超」とのタイトルで記事になった。

年明けの２０２３年の１月13日に会計検査

「国費解剖」取材班が情報公開請求で集めた資料のファイルの一部

院も同様の検査結果を公表し、厚生労働省に制度の改善を求めた。会計検査院に一歩先んじた調査報道となった。

## 「事務連絡」をヒントに「堅い開示請求」

調査報道グループは「国費解剖」以外にも、情報公開請求を活用した報道を数多く世に出してきた。

２０２０年12月31日の記事「保健所7割、感染予測甘く　コロナ深刻な5都道府県」では、厚労省への情報公開請求で全国４６９保健所から提出された資料を入手し、感染が深刻だった北海道、東京、愛知、大阪、沖縄の各都道府県で予測が甘く、対策が後手に回った原因になったことを指摘している。

端緒は厚労省が保健所を設置している自治体に出した「事務連絡」だった。

「保健所の体制を解明できないかとグループで話し合っていたら、兼松雄一郎記者が厚労省のサイトでその事務連絡を見つけてきました」(鷲森さん)。厚労省は分野ごとに自治体などへの通知や事務連絡をサイトで公開している。コロナ関連については「自治体・医療機関向けの情報一覧」[11]としてリンクをまとめている。

２０２０年6月19日付の事務連絡「今後を見据えた保健所の即応体制の整備について」[12]

の中に「7月上旬には、別紙1及び別紙2を用いて、各都道府県に対して、管内の保健所設置市や特別区も含めた保健所の即応体制の整備について状況の把握を行う予定です」との一文があった。報告のフォーマットが別紙として添付されており、そこには「最大需要想定」「最大必要人員及び対応方針」などの項目が並んでいた。

全保健所の情報が厚労省に集約される。それを開示請求すれば貴重な情報がまとめて手に入ることになる。そこで２０２０年8月19日付で次のように請求した。

**〈令和2年6月19日付の事務連絡「今後を見据えた保健所の即応体制の整備について」の別表1、2の通りに、都道府県などから7月上旬に厚生労働省に報告された書類一切（変更があった分も含む）〉**

事務連絡によって文書があることは分かっている「堅い開示請求」であった。その結果、厚労省はデータを全面開示した。鷺森さんは言う。「行政の仕事のプロセスを把握できれば、開示請求のポイントが分かります。ここに必ずこういう資料があるはずだ、と」

## 入手したデータを電子版で可視化

２０２１年2月4日の「健保組合、従業員に二重苦　半数は負担割合上昇」は、記事とは別にデータの可視化（ビジュアライゼーション）をしたところが特徴的だ。

記事では、大企業の健康保険組合の財政悪化が進み、2009〜19年の間に約半数の健保組合が従業員の負担割合を上げ、保険料負担も年間1人当たり約13万円増になっていることを明らかにしている。

個別の健保組合の財政状況については、厚労省が所定のフォーマットで報告を受けている。かつては厚労省保険局が「健康保険組合事業年報」という冊子で公表していたが、冊子名を変えた2010年代から個別健保組合の情報を載せなくなった。そんな話を鷲森さんがある会合で経済学の研究者と立ち話しているときに聞いたのがきっかけだった。その研究者は「一度、情報公開請求してデータを入手したことがある」と言った。

鷲森さんは個別企業のデータを分析すれば、健保の実態をより詳しく報じることができると考え、調査報道チーム（当時）にいた久保田昌幸記者にデータの入手を指示した。取材途中でデータが更新されたので請求は複数回に分けた。請求の文言は次の通りだ。

---

11　厚生労働省「自治体・医療機関向けの情報一覧（事務連絡等）（新型コロナウイルス感染症）」
https://www.mhlw.go.jp/stf/seisakunitsuite/bunya/000121431_00088.html

12　厚生労働省事務連絡「今後を見据えた保健所の即応体制の整備について」
https://www.mhlw.go.jp/content/000664793.pdf

11

12

〈・平成○〜□年度の全国の各健康保険組合ごとの事業及び決算に関する報告書の電子データ（ＣＳＶファイルもしくはＥｘｃｅｌファイル）、組合名及び組合コードも記載されたもの
・平成○〜□年度の間に分割設立された組合名、組合コード、設立の年月日
・平成○〜□年度の間に解散した組合名、組合コード、解散の年月日
・平成○〜□年度の間に合併した組合名、組合コード、合併の年月日〉
（○、□には具体的な数字を記入）

その結果、厚労省は全面開示した。個別組合の解散・合併に関する資料など一部はＰＤＦファイルだったが、財政状況のデータはエクセルファイルだったので比較的扱いやすかった。年度によってデータのまとめ方が異なっていたのを独自に修正してデータベースを構築した。

会社員であれば、自社の健保組合がどんな状況にあるのかは誰でも気になる。久保田記者はプログラミング言語「Python」を扱えるデータ分析に強い記者だった。個別の健保組合の保険料の増減や財政状況をさまざまな切り口で分析。同僚記者と共同で複数本の記事を仕上げた。また、せっかく入手・分析したデータを多くの読者に届けようと考え、別の部署にいるデザイナーやエンジニアと連携して、個別組合を検索できるコンテンツ「健保組合の実像　あなたの負担はどれほど増えた?[13]」をつくり、記事公開と同時に「日経ビジュアルデータ」のコーナーに掲載した。企業が実名でランキングされていることから、反響は大きかった。

## 「紙の開示」「神エクセル」との闘い

日経調査報道グループは、情報公開請求をオープンデータと巧みに組み合わせることで多くの調査報道を形にしてきた。メンバーの記者たちは「呼吸をするように」（鷺森さん）情報公開請求をするようになっているという。

ただ、その道のりは試行錯誤の連続でもあったと朝倉さんは言う。2005年の入社以降、事件や司法を中心に担当してきた朝倉さんが取材に情報公開請求を使うようになったのは、2021年に調査報道グループに異動してからだ。

「こちらが欲しい情報を指定したつもりでも、役所の側では別の解釈をすることがあります。恣《し》意的な解釈を生まない文言を考えなければいけません。公表されている資料とか首相の発言とか、堅い情報をベースに、その根拠や詳細を詰めるような請求が効果的なのかな、と思っています」

13 日経電子版「健保組合の実像　あなたの負担はどれほど増えた？」
https://vdata.nikkei.com/newsgraphics/health-insurance-association/#/about

13

一方で、それは紙で開示される資料との闘いでもあった。

全体の構造を描く調査報道をする場合、大量のデータを分析する必要がある。そのためには、元のデータはコンピューターが直接解読できる形式であることが望ましい。しかし日本では、一部の省庁や自治体を除き、紙による開示が前提だ。その結果、ＯＣＲを使ったり手でエクセルに打ち込んだりと多大な労力が必要になる。

オープンデータについても同じ傾向がある。

例えば基金シートや行政事業レビューシートはエクセルファイルで公開されているが、セルの結合や網掛けなどの装飾機能を多用している。印刷したときには読みやすいが、コンピューター処理とは相性がよくない。人間の目で見ることを前提としたこうしたファイルは、ＩＴ関係者の間では「神エクセル」などと揶揄《やゆ》されている。

加えて、内容そのものに間違いが多く、省庁に問い合わせて感謝されることもたびたびあるという。書籍版の『国費解剖』にはデータ処理をめぐる悪戦苦闘の詳細も記されている。２０１７年の調査報道チーム設立時からデスクとして関わってきた鷺森さんは言う。「国民に検証されにくいよう、あえて仕組んでいるケースもあるのではないかと疑いたくなります」

情報公開請求を報道に活用するということは同時に、公的な情報が適切な形で国民に公開されているかを検証することでもある。日経調査報道チームは、そうした実践を積み重ねてきたとも言えるだろう。

03

# 多角的な請求と交渉で引き出す

## ——地下水・飲み水のＰＦＡＳ汚染

フリーランス　諸永裕司記者

### 東京・多摩地区の深刻な実態を明らかに

「永遠の化学物質」による汚染が日本列島に広がっている。

１万種類以上あるとされ、総称してＰＦＡＳ（ピーファス）と呼ばれる有機フッ素化合物は、水も油もはじき、熱に強い。このため、服や靴のはっ水加工やフライパンのコーティングなど身近なものから半導体の製造、泡消火剤まで、さまざまな用途に使われてきた。ただ、分解されづらく蓄積されやすいため、なかなか消えない。

体内に取り込まれると腎臓がん、潰瘍性大腸炎、脂質異常症や甲状腺疾患などのリスクを高めるとされる。

ＰＦＡＳのうち代表的なＰＦＯＳ（ピーフォス：ペルフルオロオクタンスルホン酸）とＰＦＯＡ（ピーフォア：ペルフルオロオクタン酸）は１９５０年頃に米国で開発され、２０００年代はじめに危険性が明らかになり、その後、規制された。

日本で汚染が明らかになったのは２０１６年以降のことだ。沖縄県の米軍基地周辺や東京・多摩地区で地下水や飲み水の汚染が分かり、国は２０２０年に飲み水１リットル当たり50ナノグラム（ＰＦＯＳとＰＦＯＡの合計）という暫定目標値を設けた。

汚染は地下水や飲み水にとどまらない。沖縄や東京・多摩地区などの住民たちの体内に高濃度で蓄積されていることが市民団体の調査で明らかになった。土壌や食物の汚染も一部で見つかっている。また、米軍は普天間、横須賀に続き、横田基地でもＰＦＯＳを含んだ泡消火剤の漏出を認めたものの、汚染源の特定と汚染の浄化は進んでいない。

深刻なホットスポット（汚染地域）の一つ、東京・多摩地区。その実態を、情報公開制度を駆使した調査報道で先駆的に報じたのが、朝日新聞特別報道部の記者だった諸永裕司さんだ。２０２０年１月６日の第１報「横田基地近くの井戸から有害物質　米の飲用水基準19倍」以降、継続的に記事を出し続け、朝日新聞だけでなく文春オンラインでも連載した。２０２３年４月にフリーランスとなってからもスローニュースなどで報道を続けている。

諸永さんの実践から浮かび上がるのは、行政との粘り強い交渉、視点を変える多角的な請求、国や他の自治体なども射程に入れた幅広い請求の大切さである。

## 沖縄の問題「横田でもあるのでは」

きっかけは沖縄で耳にした一言だったという。諸永さんは別件の取材をしたとき、現地のＮＰＯ「The Informed-Public Project」（ＩＰＰ）の河村雅美代表からこう尋ねられた。「ピーフォスって知ってます?」。日米の情報公開制度を活用して米軍基地による環境汚染を追及してきた河村さんから、航空機火災に備えた消火訓練に使う泡消火剤にＰＦＯＳが含まれているのだと教えられた。しかも分解されず、消えることはないという。

「すでに沖縄の嘉手納基地周辺で起きているということは、東京の横田基地でもないはずはない。もし地下水が汚染されていれば、住民たちが飲み水を通して体の中に取り込んでいるかもしれない」

基地問題や環境問題にとどまらず、健康問題にもつながる可能性があるだけに取り組む価値がある、と諸永さんは考えた。

本格的な取材に着手したのは２０１９年の春だった。

文献を集めようと下調べをしたところ、飲み水についてのデータは見つからなかった。あるのは、地下水についてだけ。それもＰＦＯＳの製造・使用が禁じられた２０１０年以降はほとんど見当たらない。

唯一、都内の地下水を継続的に調査していたのが東京都環境科学研究所だった。しかし、研究所は詳細を明かさず、東京都環境局に尋ねたところ、担当課長も「調査結果は私からは言えない」という。仕方なく情報公開請求することにした。

**〈東京都内の井戸でのＰＦＯＳ・ＰＦＯＡについて、東京都環境科学研究所による継続調査に関する一切の文書〉**（２０１９年6月17日請求）

都のウェブサイトから電子申請のフォームにそう書き入れた。これが2年近くにわたって１００件を超えることになる一連の開示請求の最初のものとなる。

環境局からは2週間して50枚ほどの文書が開示され、横田基地に隣接する立川市の地下水から高濃度のＰＦＯＳが継続して検出されていたことが分かった。

## 取材で食い下がって文書を入手

地下水は飲み水の水源として使われているのか。もし飲まれていれば、ＰＦＯＳが住民の体内に直接取り込まれていることになり、問題のレベルは格段に上がる。

諸永さんは取材の焦点を環境局から水道局に移した。

地下水の利用率について担当者に尋ねると、約2%という。しかし、調べてみると、どうも疑わしい。改めて問い直すと、答えが変わった。東京都全体ではなく多摩地区に限ると、水道水源の20%を地下水で賄っており、一部の浄水所は１００%だという。

水源となる井戸はどこにあるのか。

諸永さんは水道局に記録を求めた。

**〈東京・多摩地区にある水源名と住所一覧　水源の運用状況一覧　水質悪化の根拠資料一覧〉**（２０１９年７月17日請求）

開示された資料から、多摩地区で２４８カ所の井戸が使われていることが分かった（２０１９年３月時点）。目を引いたのは、その備考欄だ。取水停止になった井戸には「水質悪化」などと書かれていた。「ＰＦＯＳ」という文字はなかったが、取水停止になると、理由などが井戸ごとに記録されることは分かった。

諸永さんはさらに請求を重ねた。

**〈２０００年以降、多摩地区において取水停止になった井戸（水源）について　休止日時、施設名・住所、経緯（物質名および濃度）〉**（２０１９年７月17日請求）

対象となる文書の量が多いため期限を延長しなければならなくなる、と水道局から連絡を受け、「各井戸で直近に取水停止した事例」に変更する旨を口頭で伝えた。

２週間後、両面刷りで６枚の文書が開示された。浄水所ごとに水源の名称、取水停止の期日と理由などが記されていた。そこに再び、目を引く記述があった。「局指示による、運用停止」。２０１９年６月11日からの10日間で、府中市、国分寺市、国立市にある三つの浄水所の井戸が立て続けに取水停止になっていた。

水道局に電話で問い合わせると、担当者は原因がＰＦＯＳであることをあっさり認めた。

「少し濃度が高かったので。ただ、国内に（水質管理の）基準はないので、念のためということです」

狙いは当たった。東京都はＰＦＯＳが高濃度で検出された地下水からの取水をひそかに止めていたのだ。

翌日、水質管理の責任者である課長に直接会って聞くと、沖縄県が、水1リットル当たり70ナノグラムという米国の勧告値の半分を目安として水質管理していることを報道で知り、それにならったのだという。

しかし、当時は目標値もない。それなのに、なぜ自主的に判断できたのか。

諸永さんは、取水停止に至る経緯を記録した文書を出してほしい、と求めた。課長は取水停止を決裁したのは6月5日だと明かしたものの、記録はないと言う。

「では、口頭で決裁したんですか」「責任者への説明資料もないのでしょうか」

しつこく食い下がると、課長は文書があるかどうかも含めて調べます、と引き取った。

それから1週間ほどして、Ａ4判3枚の資料が出てきた。多摩地区の水道事業を所管する多摩水道改革推進本部（多摩水）の本部長会議に提出したものだという。タイトルは「井戸水源における有機フッ素化合物（ＰＦＯＳ、ＰＦＯＡ）検出状況と今後の対応案」。当然のこととはいえ、やはり文書はあった。

開示請求をして、出てきた文書を読み込む。新たに疑問が浮かんだら、担当者にぶつける。同時に現場を歩き、ネットで資料も探す。それを繰り返すことで、隠されていた事実が見えてくる。

諸永さんはその後、都が横田基地による汚染を監視するために設けたモニタリング井戸から高濃度のＰＦＯＳを検出していたことなども突き止めた。

取材開始から半年後、前述した初報「横田基地近くの井戸から有害物質　米の飲用水基準19倍」と、それに続く「有害物質、水道水で検出　東京・多摩地区　井戸の一部、取水中止」（２０２０年１月８日）を書いた。紙と人と足を組み合わせて報じたのだった。

## 市への請求で都からの開示を引き出す

ところで、諸永さんには取材の中でずっとくすぶっている疑問があったという。東京都はいつから水道水中の有機フッ素化合物を調べていたのか。濃度と期間によっては市民の健康に関わるからだ。

ただ、都のガードは堅いと予想されるため、厚生労働省にも開示請求をしていた。

**〈平成21年度～平成29年度におけるＰＦＯＳ、ＰＦＯＡについての存在状況調査結果（測定値、測定地点などを含む一切の情報）〉**（２０１９年６月20日請求）

開示されたのは、厚労省が全国の自治体から集めた２０１１～18年度のデータ一覧だった。東京都は２０１５年度分だけ、なぜか多摩地区すべての浄水所のデータがあり、一部は高濃度だった。

どうやら、ＰＦＡＳの分析方法を改良して、ＰＦＯＳとＰＦＯＡを含めた15物質を測れるようにしたためだと分かった。ということは、それ以前も調べていたということになる。そこで、過去のデータはないのか、と都水道局に尋ねると、２００５年頃から測定していたが「計測機器を更新した際にデータの移行がうまくいかなかった」ため、２０１１年より前のデータはない、と説明された。繰り返し尋ねても答えは変わらなかった。

そこで、こう開示請求した。

**〈（多摩地区の）井戸水源ごとに有機フッ素化合物を測定した結果一式〉**（２０１９年８月26日請求）

やはり２０１１～18年度のデータしか出てこなかった。しかし、納得できなかった。しばらくして、別の文書を求めた。

**〈水道局が多摩地区で２００５年ごろからはじめたとされる有機フッ素化合物の水質調査結果は、２０１０年度までの分が欠落・廃棄されたという。この廃棄または欠落（データ移行の失敗の記録など）について作成・取得した一切の記録〉**（２０２０年１月20日請求）

すると、「不存在」との決定が出た。測定データだけでなく、廃棄した記録もないというのだ。そう簡単にデータを消したりするだろうか。なにかがおかしい。

とはいえ、どのように情報を引き出せばいいのか。同じ文言で請求しても結果は変わらない。あきらめかけた時、ふと思いついたのが、取水停止した浄水所のある国分寺、府中、国立の各市へ請求することだった。

諸永さんが取水停止の事実をつかんだ後、都の担当者は3市に説明に行っていた。そうであれば、なんらかの記録があるだろう。3市に対しては次のように求めた。

**〈2019年度に東京都が作成、取得した文書・メールのうち、有機フッ素化合物に関する以下のもの（他部署と共有したものも含む）**

**①東京都水道局のホームページ上に設けた「水道水における有機フッ素化合物について」のページを作成するに至る経緯および作成するページの内容・時期などに関する一切のもの（注：②以下は省略）〉**（2020年12月28日請求）

すると、国分寺市は「不存在」と回答してきた。一方で、府中、国立の両市からは、都が作成した「水道局における有機フッ素化合物への対応について」という資料が開示された。

この資料の1枚目に、測定結果を記した折れ線グラフが載っていた。ただ、諸永さんは同じ資料をすでに手に入れていたため、詳しく見ることはなかった。そこに重要な情報が記されていたと気付くのは、1カ月ほどしてからのことだ。

水道局の広報担当者から電話が入った。

「古いデータはないとお伝えしていましたが、ありました」

改めて資料を見ると、２００９年度と２０１０年度の測定値が記されていたのだ。

２０１１年度より前のデータはないとしていた説明は誤りだったと都は認め、２００５〜10年度のデータを追加で開示するという。

関係する３市への開示請求によって都から開示を引き出した一連の取材は、「府中の浄水所で高濃度の化学物質検出　05年〜10年度」（２０２１年４月１日）という記事になった。最終的に、都は２８２９件のデータをウェブサイトで公表した。

都はなぜ突然、開示へと転じたのか。

諸永さんは取材で得られた情報を基に、改めて国分寺市に開示請求をした。

**〈R１・９・11付「水道局における有機フッ素**

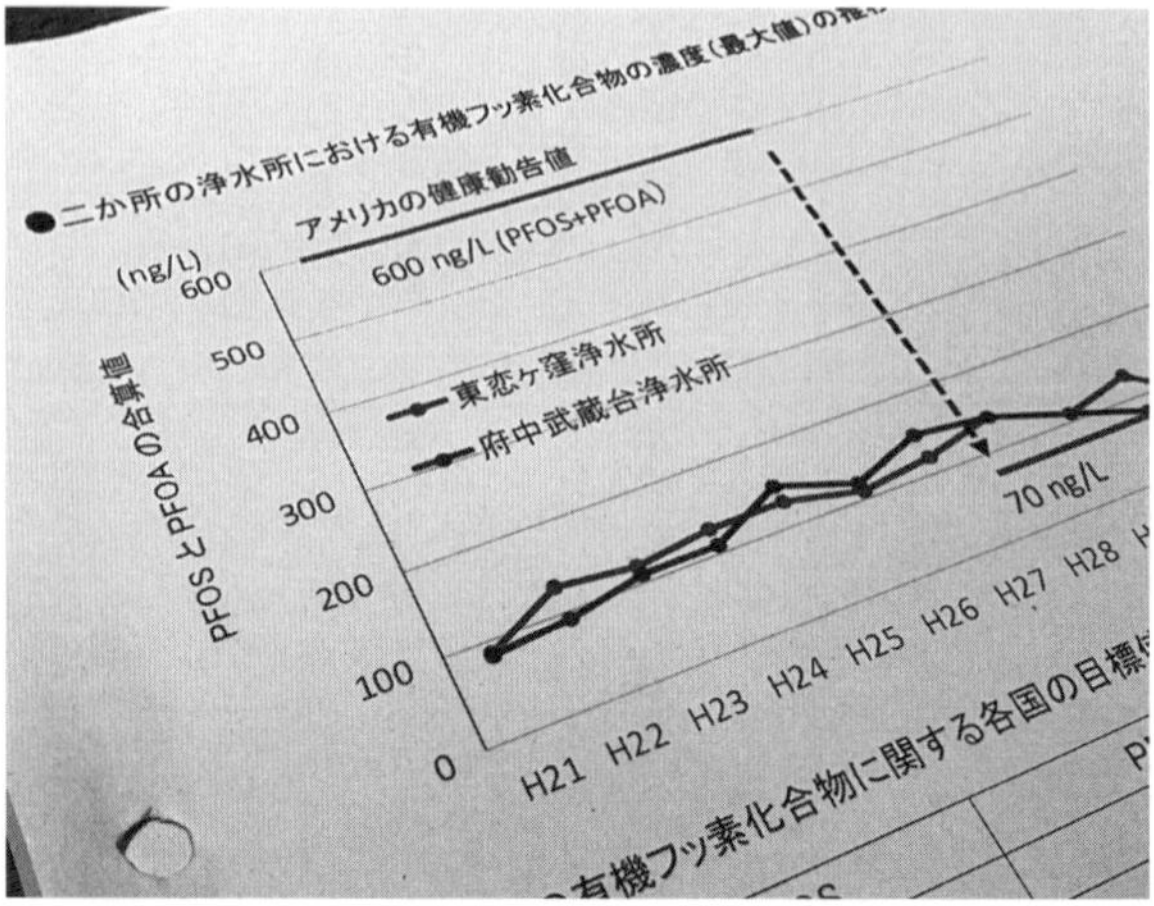


東京都の資料には、2009年（H21）と2010年（H22）のデータがグラフに記されていた（諸永さん提供）

化合物の対応について」を「請求対象外」とするに至るまでに作成・取得したメモ、文書、記録、メールなど一切〉

〈R3・1・5 多摩水より「公開は仕方ないもの」との発言があったとされるが、それを裏付けるメモ、記録、メール（国分寺市関係への連絡・共有のためのもの含む）など一切〉

（２０２１年3月31日請求）

間もなく開示された資料の中に、手書きのメモが見つかった。

「あまり出したくないけど仕方ない」

開示をめぐるやりとりの中で水道局の職員が口にした言葉を、国分寺市の担当者が書き留めていた。市が開示すれば、ずっと「ない」としてきたデータの存在が発覚するため、都は開示を望んでいなかったのだ。

その結果、国分寺市は都の意向をくんで、グラフの資料を「不存在」としたと思われる。しかし、国立市と府中市は「市の保有文書なので開示しない理由がない」と判断したため、都はデータの存在を隠し切れなくなり、最終的に開示に踏み切ったとみられる。

## 広報課出身の課長に談判したら開示された

開示をめぐる判断は、組織として確固たる基準が共有されているわけではない。部署により、人により対応にはバラつきがある。

諸永さんは、ネットで関連する論文を探していく中で、水道局とは別の部署の２００７年と２００８年の水質調査結果を見つけた。学校や病院などが持つ大型井戸（専用水道）について、東京都健康安全研究センターが調べていたのだ。

早速、情報公開請求をしたものの、開示された文書はほとんどが黒塗り。数値は読みとれたが、井戸の所在地は隠されていた。せめて市町村名は出してほしいと求めたところ、担当者は「井戸が特定されるような情報は出せません」の一点張りだった。

そこで諸永さんは、最終的に決定を下した責任者は誰かを聞き出した。同センターを管轄する都福祉保健局（当時）の健康安全課長だという。その足で都庁を訪れ、課長に談判すると、返ってきた答えは意外なものだった。

「おっしゃるように、すでに調査が終わり、出ている結果を開示しないというのは理屈が立ちません。ただし、井戸の所在地が特定されることのないよう、住所は市町村までということでよろしいでしょうか」

後日、市町村名も開示された。健康安全課長はかつて広報課にいたことがあり、メディアと日常的に接触していたという。その分、研究者とは異なり、情報公開について十分な理解があったのだろう。誰と交渉するかで開示の結果も大きく変わるという例である。

## 「全部開示」のときこそ要注意

情報公開請求に対する行政の「決定」は動かないものではない。行政と交渉を重ねることで恣意《しい》的な判断をただし、開示の範囲を広げさせることができる。ＰＦＡＳ汚染の取材を通じて、諸永さんはそうした経験を何度もすることになった。そこから得られた教訓を諸永さんはこう総括する。

「行政にとって都合の悪い情報は、できるだけ開示の範囲を狭めようとします。『作成していない』『見当たらない』と彼らはよく言いますが、よくよく聞くと、こちらが欲しいデータは別の形で持っていたりする。だから、最初は『○○に関する一切の文書』として請求してもいい。出てきたものをもとに担当者とやりとりしながら手掛かりを得て、狙いを定めていくのです」

「『探したけど見当たらない』などと言われたら、廃棄の記録を請求するのがいいでしょう。公文書は廃棄も含めて記録に残さなければならないので、それがなければ『捨てていないでしょう』と切り込んだり、逆に『廃棄記録を残していない』と責めたりすることもできます」

都庁は大きな組織なので各局に情報公開の担当者がいるが、すべての業務に精通しているわけではない。

「情報公開の担当者は、開示を求める事業を行っている部局の説明を伝えてくるだけなので、実際の担当者を聞き出して、直接、やりとりをすることが重要です。どう事業を進め、どんなデータを持っているかが分かれば、そこから請求内容を修正することもできます。求めているものを得るために、原局の担当者とじかに交渉するのがポイントです」

もう一つ、都との攻防の中で得られた教訓は「全部開示は疑う」ということだ。

「黒塗りなしで開示されるとつい安心してしまいますが、『全部開示』といっても、文字通りすべての記録や文書を出しているとは限りません。行政は彼らなりの解釈で、あるいは彼らの事情に合わせて開示の範囲を決めています。決定は絶対的なものではない。『何かが外されているのではないか』という目で常に見ておく必要があります。そして、あるはずの文書がなければ『これがないのはおかしい』と、再検討を求めていくわけです」

## 取材がどう記録されていたのか開示請求

「ない」とされた水道局の文書が「あった」とされた直後、諸永さんは都の取材対応の裏側、情報隠蔽《いんぺい》のカラクリを探りたいと思った。こちらの意図をどのように捉え、どこまで事実を明かすかについてどのように検討していたのか。そこで、水道局に対して次のような開示請求をした。

**〈朝日新聞記者への取材対応に関する一切のもの〉**（２０２１年１月18日請求）

すると「朝日新聞・諸永記者質問・回答一覧」と題する45枚の文書が開示された。

記録の期間は２０１９年４月16日〜８月15日。水道局内部での検討内容は記されていなかったが、目を引いたのは５月22日の記録だった。備考欄に「取材意図確認→明言せず（持参資料から有機フッ素化合物と推測）」と記されていた。

広報担当者に初めて取材した時、諸永さんは警戒されないよう、真の狙いは伏せていた。しかし、実際には見抜かれていた。諸永さんは苦笑いしてこう話す。

「化学のことは不案内だったので、資料の入ったファイルを持っていって、時々ちょっと開いて目をやりながら質問していました。広報担当者は机を挟んで１メートルくらい離れていましたが、気付かれていたんですね。お恥ずかしい限りです。ただ、振り返ってみれば、私がＰＦＯＳを取材しようとしていることを分かったうえで、組織としてうそを重ねていたわけです。それが官僚組織なのだ、と学びました」

諸永さんはＰＦＡＳ汚染について、沖縄の嘉手納基地や横田基地をめぐる米軍の対応、その背景に横たわる日米地位協定の問題にまで取材を広げている。情報公開請求での都とのやりとりも含め、その詳細は諸永さんの著書『消された水汚染』[14]に譲りたい。

## 「奨学金破産」問題でも情報公開請求を活用

諸永さんは朝日新聞特別報道部に在籍中、ほかにも情報公開請求を活用した調査報道を手掛けている。その一つが、奨学金を借りた本人や保証人に自己破産が連鎖している実態を明らかにしたものだ。

日本学生支援機構（以下、機構）に対して「自己破産件数」のデータを開示請求したところ、累計は約１万１０００件で、年度ごとで見ると１００～１５０件ほどだった。

しかし、４００万人が返済中で、３カ月以上の延滞者が３％ほど（約12万人）いることから考えても少な過ぎるのではないか。疑問を解消するため、機構の奨学事業戦略部の取材を取り付けた。

詳しく聞いていくと、自己破産しても、保証人などが代わりに残額を払ったケースはデータに含まれていないことが分かった。貸した奨学金が完済されると、機構のシステムから消されていたのだ。

「一人ひとり拾い出していくには時間がかかります」

開示請求に難色を示す機構側と交渉し、取材への回答という形で実情を表すデータを提供してもらうことにした。すると、驚くような数字が示された。それは次のような記事になった。

「奨学金破産　延べ１・５万人／５年で　親族半数　連鎖招く」（２０１８年2月12日）

しかし、さらなる闇があった。

奨学金を借りる際、親などの「連帯保証人」と親族などの「保証人」を付ける人的保証制度か、保証料を払って「保証機関」に加入するかを選ばなければならない。前者の場合、本人が返済できないと、連帯保証人は残金を１００％返す義務を負う。だが、保証人は50％の義務しかない。「分別の利益」と呼ばれる。にもかかわらず、機構は保証人にも全額を請求していたことが、その後の取材で分かったのだ。

「奨学金　説明せず全額請求／保証人　支払い義務は半額」（２０１８年11月1日、朝日新聞）

この報道から間もなく、東京と北海道の保証人たちが、半額を超えて払った分の返金を求めて裁判を起こした。

２０２２年5月、札幌高裁は機構に、半額を超えた分について保証人に返金するよう求める判決を下した。「悪意の受益者」と認定された機構は上告を断念し、保証人約２０００

14 諸永裕司『消された水汚染――「永遠の化学物質」ＰＦＯＳ・ＰＦＯＡの死角』平凡社新書、２０２２
https://www.heibonsha.co.jp/book/b596105.html

14

人に計10億円を返金する意向を明らかにした。

それから半年。諸永さんは、機構が発表通り返金するかを確かめようと、情報公開請求した。

**〈日本学生支援機構が「分別の利益」により返金する保証人の人数および金額を記した一切の記録〉**（２０２２年11月18日請求）

すると「不開示（不存在）」との決定が届いた。返金者リストは作成していない、というのが理由だった。諸永さんは「リストは作成していなくても返金者のデータはあるはずだ。データをまとめて提供してほしい。それができないなら審査請求をする」と伝えた。

まもなく、機構はデータ提供に応じるとの見解を示し、４カ月後、返金実績をメールで伝えてきた。すると、またも驚くべきことが分かった。

実際に返金したのは１５４６人（総額８億３９００万円）で、対象のうち１１２人はすでに死亡したり連絡がつかなかったりしたため、総額５３００万円が宙に浮いたままになっていた。返金されるはずだったお金は機構の事業に回されたという。

それだけではない。「分別の利益」が報道された２０１８年11月時点で、機構は２０１０年度から２０１７年度までに全額請求した保証人８２５人分のデータを保有していた。その後、裁判になったにもかかわらず、文書保存期間の5年が経過するたびに廃棄してきたという。このため、８２５人の大半が返金の対象ではなくなっていたのだ。過去のデータを廃棄した理由を機構はこう説明した。

「膨大なデータの中から該当するものを手作業で拾い出すのは負担が大きいため」

情報は誰のものか、と諸永さんは言う。

「こんなずさんな管理を許しているのは、私を含めたメディアの責任だと思います。情報公開はメディアにとっての生命線であり、逆にそのための試みを手放せば、重要な記録が埋もれ、ときに失われてしまう。情報を開くための土壌を絶えず耕し続けることは、私たちの仕事を、私たちの社会を豊かにすることにつながるはずです」

## 取材力が鍛えられ行政に緊張感も生まれる

諸永さんは、調査報道を「記者自身がテーマを設定して調べる報道」と定義している。

１９９３年に朝日新聞に入社し、『週刊朝日』や『ＡＥＲＡ』など週刊誌の経験が長かった。記者クラブに所属したのは新人の頃に京都支局で警察を２年、市役所を１年担当した時くらいで、キャリアのほとんどを遊軍記者として歩んできた。その意味では、ずっと「調査報道」を続けてきたともいえる。

そのためのツールとして情報公開請求は非常に有益だという。

「なぜだろう、なぜだろう、と問いを重ね、開示請求を繰り返していくと、調べようとしている事象の解像度がどんどん上がり、問題のありかが見えてきます。その過程で取材力が鍛えられ、行政に緊張感も生まれる。もちろん求める情報が取れないこともありますが、情報公開請求は取材の武器となる魅力的なツールだと思います。記者も働き方が多様になる中、どこにいても、どこの自治体にも、どこの省庁にも情報を求めることができるのも利点です。埋もれていた情報を掘り起こして市民に還元することが私たちの仕事です。情報を閉ざそうとする流れがあるだけに、どんどん活用してほしいですね」

04

# 警察不祥事をチェックする
## ——3カ月おきの定点観測

フリーランス　小笠原淳記者

### 「夜討ち朝駆け」だけが取材ではない

事件・事故は社会問題の縮図である。警察は重要な取材対象であり続けるだろう。だが、警察取材は難しい。外部への警戒心と組織防衛的な発想が根強い組織だからだ。自らの組織に設置されている記者クラブの記者には一定の取材対応をするのに、それ以外の記者には冷淡なのも内向きの体質の反映であろう。

警察は強大な権力を持つ組織でもある。物品の押収、身柄の拘束など、個人の自由を制限することができる。冤罪《えんざい》や誤認逮捕などの人権侵害につながった事例も少なくない。令状を出す裁判所にも大きな責任はあるのだが、権限を行使するのは警察である。それだけに警察自身の違法行為や不公正な振る舞いは、より厳しく監視されなければならない。

そこで有力なツールになるのが情報公開請求である。

警察も行政機関の一つであり、警察庁は情報公開法の、都道府県警は情報公開条例の対象となる。だから「夜討ち朝駆け」のような非公式な取材をしなくても不祥事の情報を得ることはできる。

ここでは情報公開請求によって8年以上、警察不祥事を定期的にチェックし続けている小笠原淳記者の実践を紹介したい。札幌市を拠点に活動するフリーランス記者である。

## 3カ月ごとに開示請求を続けて8年

小笠原さんは1968年北海道小樽市生まれ。警備員、芸能事務所スタッフ、学習塾講師などいくつかの職を経て30歳で地域紙札幌タイムスの記者となった。札幌タイムスが2009年に休刊した後は、地元の月刊誌『北方ジャーナル』を主な舞台に取材・執筆を続けている。出版物の事前差し止めを例外的措置と位置付けた最高裁判決（1986年）が、表現の自由に関する重要な判例としてよく引用される「北方ジャーナル事件」で有名な雑誌である。

その北方ジャーナルに小笠原さんが連載している「道警不祥事から考える」は2016年1月号の初回以降、本稿執筆時点で最新の2023年12月号で66回を重ねている。

「道警不祥事から考える」の多くは、小笠原さんが3カ月おきに北海道警に情報公開請求をして開示された公文書をベースに書かれている。

例えば２０２３年６月号は「１－３月速報」として４月に開示請求した結果を報じている。前年同時期に比べて総件数は減っていたが「深夜において正当な理由なく、青少年２名を同伴するなどした」巡査が２月に懲戒処分になっていたことなどが記されている。一種の「定点観測」になっているのである。その請求の方法については後述したい。

## 「未公表の不祥事があるのでは」と疑う

小笠原さんがこのシリーズを始めたきっかけは２０１５年10～11月に北海道警で不祥事が相次いで発覚したことだ。11月末には本部監察官室長が記者会見を開いて謝罪する異例の事態になっていた。

それは、札幌中央署の警部補が捜査情報を暴力団組員に漏らす、本部交通部の職員が運転免許の取得・更新時に提出された書類を裁断して捨てる、札幌中央署の巡査が拾得物の現金を自分が落としたと偽って詐取、砂川署巡査部長が出勤時に二日酔いのまま酒気帯び運転、函館方面本部の警察官34人が交通違反で虚偽の調書を作成、森署の巡査長が架空の交通違反切符を作成――と、驚くべき内容と件数だった。

同年に懲戒処分した警察官は20人と道警は説明していた。しかし、交通違反で虚偽調書を作成した34人のうち33人が「本部長訓戒」だという。懲戒処分の人数と合わない。疑問に思った小笠原さんが警察庁のウェブサイトを検索すると「懲戒処分とせずに監督上の措置である訓戒等を行うこと等もあり得る」と書かれた文書が出てきた。懲戒未満の「監督上の措置」という処分があったのである。

ちなみに、この文書は「懲戒処分の指針」とのタイトルで２０２３年７月13日に更新されている。「監督上の措置」に関する表記は変わっていない。[15]

公表されていない不祥事はまだあるのではないか――。小笠原さんは情報公開請求をしてみようと考え、２０１５年12月11日に道警本部の情報公開窓口「警察情報センター」に電話で問い合わせた。

「年間の懲戒処分と監督上の措置をまとめた文書はありますかね。処分の内容とか理由とか、所属とか階級とか、そういうのが分かるような……」

「あるかないかお調べします」

あらかじめ警察情報センターに問い合わせ、文書を特定してから請求する方法は、それまで何度か道警に開示請求した経験から身につけたものだ。その方がスムーズに進むことが多かったからだ。

ところが、２日後の日曜日、小笠原さんはネットのニュースを見て驚いた。毎日新聞が次のような記事を流していたのである。

「北海道警　警官懲戒、７件非公表　法令違反の疑い」

２０１５年12月13日付のその記事によれば、２０１０年1月～15年10月の懲戒処分一覧を道警に開示請求したところ、２０１５年に公表されていなかった懲戒処分は12事案あり、うち法令違反が疑われるケースが少なくとも7事案あった。

その内訳は「部外異性に強制わいせつをした」「撮影機能付き携帯電話を使用し、卑わいな行為をするなどした」（減給6カ月・10分の1）のほか、ひき逃げなどの交通違反が3件、住居侵入、万引きが各1件だった。「監督上の措置」には触れていなかった。

この記事を書いた1人、袴田貴行記者は後に調査を全国に広げ「懲戒処分　違法疑いの警官ら未発表　昨年、全国99人」（２０１６年10月3日）との記事を朝刊1面トップで報じている。

警察が懲戒処分を発表するかどうかの基準にしているのは警察庁の通達「懲戒処分の発表の指針」[16]である。指針は、①職務に関する行為、②私的行為のうち停職以上の行為、③内外に及ぼす影響などを勘案し、国民の信頼を確保するため、発表が適当と認められる懲戒

15 警察庁「懲戒処分の指針の改正について（通達）」
https://www.npa.go.jp/laws/notification/kanbou/jinji/jinji20230707.pdf

16 警察庁「『懲戒処分の発表の指針』の改正について（通達）」（別紙に指針添付）
https://www.npa.go.jp/laws/notification/kanbou/jinji/jinjikansatsu.happyou20190329.pdf

15

16

処分――については公表すると定めている。逆に言えば職務と関連しない停職未満の処分は公表しなくてもいいことになる。

そのベースになっているのは２００３年に人事院が出した通達「懲戒処分の公表指針について」である。この通達は公表対象を①職務遂行上の行為または関連する行為にかかわる処分、②職務に関連しない行為のうち免職または停職である懲戒処分――と規定している。

しかし、多くの行政機関では停職未満のケースも公表するのが一般的だ。例えば北海道庁は減給や戒告もウェブサイトに掲載している。市民の違法行為を取り締まる警察であれば、なおのこと厳しい姿勢が求められるはずなのに、道警の対応はいかにも甘かった。

## 未公表の不祥事が年間１３２件

毎日新聞の後追いになるが、小笠原さんは気にしなかった。「監督上の措置」の実態解明はまだだったからだ。

文書が「あるかないか調べる」と言っていた警察情報センターの対応も、新聞報道があったためか早かった。「11月分までとれます」と返事があったため、小笠原さんは２０１５年12月14日、次のように開示請求した。

**〈２０１０年１月から２０１５年11月までの『懲戒処分一覧』と同時期の『監督上の措置**

**一覧』〉**

年が明けた２０１６年１月４日に84枚の公文書が開示された。２０１５年１～11月に限っただけでも、そこには１３２件の「監督上の措置」が記録されていた。

巡査がひき逃げ（本部長訓戒）、警部補が職場の異性にストーカー行為（所属長注意）、巡査長が勤務中に異性と「不適切な行為」（方面本部長訓戒）、巡査部長が職場外の異性に「不安感を与えるメール」を送信（方面本部長訓戒）、巡査部長がスピード違反（所属長訓戒）、巡査が賭博行為（所属長注意）、警部補が通勤手当の不正受給（所属長訓戒）――。

明らかな違法行為もある。にもかかわらず、懲戒処分を免れていたケースがこれだけあったのである。

この開示結果は「道警不祥事から考える」シ

令和４年10月監督上の措置一覧

警察本部監察官室

| 措置 | 番号 | 職員番号 | 氏名 | 生年月日 | 採用年月日 | 措置内容 | 措置年月日 | 量定 | 所属 | 係 | 階級 |
|---|---|---|---|---|---|---|---|---|---|---|---|
| 訓戒 | 1 | [redacted] | [redacted] | [redacted] | [redacted] | 暴行等事案 他人に暴行を加えるなどした。 | R4.10.14 | 警察本部長訓戒 | [redacted] 方面 警察署 | [redacted] | 巡査部長 |
| | 2 | [redacted] | [redacted] | [redacted] | [redacted] | 異性関係不適切等事案 異性に対し、不適切な言動をするなどした。 | R4.10.17 | 方面本部長訓戒 | [redacted] 方面 警察署 | [redacted] | 巡査部長 |
| 注意 | 1 | [redacted] | [redacted] | [redacted] | [redacted] | 不適切言動事案 部下職員に対し、不適切な言動をした。 | R4.10.11 | 警察本部長注意 | 警察本部 [redacted] | [redacted] | 警部補 |
| | 2 | [redacted] | [redacted] | [redacted] | [redacted] | 暴行等事案【監督責任】 他人に暴行を加えるなどした。 | R4.10.14 | 所属長注意 | [redacted] 方面 警察署 | [redacted] | 警部 |
| | 3 | [redacted] | [redacted] | [redacted] | [redacted] | 異性関係不適切事案 異性に対し、不適切な言動をした。 | R4.10.14 | 方面本部長注意 | [redacted] 方面 警察署 | [redacted] | 警部補 |
| | 4 | [redacted] | [redacted] | [redacted] | [redacted] | 不適切異性交際事案 異性と不適切な交際をした。 | R4.10.14 | 警察本部長注意 | [redacted] 方面 警察署 | [redacted] | 巡査長 |
| | 5 | [redacted] | [redacted] | [redacted] | [redacted] | 不適切異性交際事案 異性と不適切な交際をした。 | R4.10.14 | 警察本部長注意 | [redacted] 方面 警察署 | [redacted] | 巡査長 |
| | 6 | [redacted] | [redacted] | [redacted] | [redacted] | 不適切異性交際事案 異性と不適切な交際をした。 | R4.10.27 | 所属長注意 | [redacted] 方面 警察署 | [redacted] | 巡査長 |

警察本部長訓戒１人、方面本部長訓戒１人、所属長訓戒０人、警察本部長注意３人、方面本部長注意１人、所属長注意２人

北海道警が開示した「監督上の措置一覧」の一例

リーズの2回目として、北方ジャーナル2016年2月号に「北海道警〝見えない不祥事〟年間132件の唖然」と題して掲載された。その中で小笠原さんはこう書いている。

「このレポートは、誰でも知ることができる情報だけで構成されている。その情報がこれまでほとんど知られていなかったのは、ただ『発表されなかったから』の一言に尽きるだろう」

以降、小笠原さんは3カ月おきに同様の開示請求を積み重ね、現在に至っている。「懲戒処分はだいたい3カ月に数件、訓戒や注意は20～30件くらいなので、そのくらいの間隔がちょうどいいんです」

## 「ベッキヨウシキ」という道警OBの助言

道警に対する定期的な情報公開請求は、途中からより詳細になった。点数が多いので開示請求書に「別紙」を添付するようになった。そこに次のような文書名を列挙している。

懲戒処分一覧、処分説明書、懲戒処分申立書、身上調査書、懲戒審査要求書、口頭審査要求書、証人等呼出要求書、答申書、懲戒審査委員会議事録、監督上の措置一覧、訓戒書、注意書

このような請求をするようになったのは、元道警幹部の原田宏二さんに取材した時に

北海道警察本部長　　様

**2023 年 04 月 03 日付 公文書開示請求の別紙（請求の詳細）**

本年 4 月 3 日付で申し入れた公文書開示請求につき、請求する文書の詳細を以下に記しますので、ご確認の程よろしくお願い申し上げます。

**・本年（2023 年）1 月から同 3 月までの懲戒処分に係る、以下の文書。**

『懲戒処分一覧』

**・本年 1 月から同 3 月までの懲戒処分に係る、以下の文書すべて。**

『処分説明書』
『懲戒処分申立書』（「北海道警察職員懲戒等取扱規程」第 5 条参照）
『身上調査書』（同）
『懲戒審査要求書』（同第 9 条参照）
『口頭審査要求書』（同第 11 条参照）
『証人等呼出要求書』（同第 15 条参照）
『答申書』（同第 16 条参照）
『懲戒審査委員会議事録』（同第 17 条参照）

**・本年 1 月から同 3 月までの監督上の措置に係る、以下の文書すべて。**

『監督上の措置一覧』
『訓戒書』
『注意書』

小笠原 淳

〒060-[redacted]　札幌市[redacted]
電話 090[redacted]

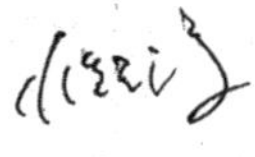

小笠原さんが北海道警の不祥事について情報公開請求する際に添付している「別紙」

「ベッキヨウシキは取らないの？」と言われたのがきっかけだった。

原田さんは本部警務課長、旭川中央署長、本部防犯部長など要職を歴任し、１９９５年に釧路方面本部長（警視長）で退職した。ノンキャリアとしては最高位に上り詰めた幹部だったが、２００４年に記者会見を開いて道警の裏金問題を告発。以降、市民の立場から警察を監視する活動に身を投じた。出版やメディアでの発言も精力的に行っていたが、２０２１年12月に病気のため死去している。

「ベッキヨウシキ」が何のことか分からなかった小笠原さんは、道警のサイトを検索した。すると「北海道警察職員懲戒等取扱規程」[17]という文書に行き当たった。懲戒処分の手続きを定めた内規で、懲戒に至らない訓戒や注意についても定められている。その条文の中に「別記様式」として、作成が義務付けられている文書名が書かれていたのだった。

行政の懲戒処分は、職員で構成される懲戒審査委員会が証拠に基づいて審査し、その答申を受けて下される仕組みになっている。処分対象者には口頭審査で反論の機会も与えられる。道警の懲戒審査委員会は警務部長が委員長、他の部長が委員となっている。

前述した文書のうち「懲戒処分申立書」から「懲戒審査委員会議事録」までが懲戒審査の過程で作成される文書となる。規程は審査を「公開しない」と定めており、開示される記録はほとんど真っ黒塗りである。だが、部分開示された情報の断片からも分かることはある。

例えば一覧には「部外異性に対し、強制わいせつをした」としか書かれていなかったケースは、「処分理由書」には次のように少し詳しく書かれていた。

「平成26年10月15日、札幌市内で駐車中の私有車両内において、部外女性に対し、強いてわいせつな行為をし（中略）もって、著しく警察の信用を失墜させたものである」

議事録の枚数が多いときは要注意だと小笠原さんは言う。「普通、審査の時間は10～25分程度で、議事録は1枚しかない。それが何枚もあるということは、当事者に何か言い分があったんだろうな、と想像がつくわけです」

真っ黒塗りの議事録が10枚も出てきたことがあった。それは後に、駅前で女子高校生を襲ったとして強制わいせつ罪で起訴され、無罪を訴えていた元巡査のものであることが分かった。元巡査は1審の有罪判決後に懲戒免職となったが、懲戒審査でも異議を唱えていたのだった。

当然ながら、他の都府県警でも同じ手続きで処分は行われている。「行政の手続きはルールに基づいています。そのルールは必ず公開されているので、まずルールを調べて、どんな

---

17 北海道警察職員懲戒等取扱規程
https://www.police.pref.hokkaido.lg.jp/koukai/jyourei/j-keimu/j-kansatu/kansatu_s33-01.pdf

17

文書があるのかを探るといいと思います」

## 文書名の特定を文書で依頼する

定期請求の文書が開示されると、次に小笠原さんがするのは追加請求のための文書特定依頼だ。当初は、前述したように道警本部の警察情報センターに電話で頼み、回答があったら窓口に足を運んで請求していた。しかし、コロナ禍で窓口に行くことができなくなったのを機に、特定依頼も文書でするようになった。一度書式をつくってしまえば、その方が楽だった。依頼する主な内容は次の通りだ。

・事件として捜査の対象になったものがある場合、それに伴って作成または取得された公文書(「事件指揮簿」など)

・処分または事件に報道発表されたものがあ

---

冠省。

お世話さまです。過日一部開示決定をいただいた公文書に記載の情報に関連した追加請求について相談申し上げたく、ご対応をお願い申し上げる次第です。

本年4月19日付で「一部開示」決定をいただき、同月24日に警察本部窓口で写しを交付いただいた『懲戒処分一覧』及び『監督上の措置一覧』に記載の各事案(本年1～3月の「懲戒処分」及び「監督上の措置」全件)について――、

・事件として捜査の対象になったものがある場合、それに伴って作成または取得された公文書(『事件指揮簿』など)

・処分または事件が報道発表されたものがある場合、発表に際して作成された公文書(『報道メモ』など)

以上の公文書の特定をお願いする次第です。

のちほど改めて連絡させていただきますので、まずはご確認のほど、よろしくお願い申します。

匆匆。

二〇二三．〇四．二六．

〒060-[redacted]

札幌市[redacted]

090-[redacted]

小笠原　淳

---

小笠原さんが文書特定を依頼するために北海道警本部警察情報センターに送っている文書

る場合、発表に際して作成された公文書（「報道メモ」など）

そして警察情報センターの担当者が回答してきた文書名を開示請求書に書き込んで追加請求する。例えば２０２３年５月に小笠原さんが行った追加請求は次のような文言だった。

**〈令和5年2月8日に減給の懲戒処分となった異性関係不適切事案に係る「犯罪事件処理簿」及び「事件指揮簿兼犯罪事件処理簿」〉**

中でも頻繁に請求するのは「事件指揮簿」である。

事件指揮簿は、事件の概要や捜査の進捗を所属長に報告するために作成される公文書だ。国家公安委員会が定める犯罪捜査規範[18]で作成が義務付けられている。犯罪捜査規範19条にはこう書かれている。

「警察本部長または警察署長が直接指揮すべき事件および事項ならびに指揮の方法その他事件指揮簿の様式等は、警察本部長の定めるところによる」

署の担当事件は署長指揮簿、捜査本部事件は警察本部長指揮簿として保管されている。

---

18 犯罪捜査規範
https://elaws.e-gov.go.jp/document?lawid=332M50400000002

18

調書や捜査報告書などの捜査書類に情報公開法や条例は適用されない。刑事訴訟法が「訴訟に関する書類及び押収物」を情報公開法の対象外と定めているためだ。しかし、事件指揮簿は行政文書なので開示の対象になる。個人情報や捜査の詳細は黒塗りにされるが、事件の概要を知ることはできる。例えば、小笠原さんが開示を受けた警察官によるひき逃げ事件の事件指揮簿には次のように記されていた。

「右方から来る車両はないものと軽信し、左方を見て右方の安全確認を怠ったまま漫然と発進したため、右方第2車線を進行してきた相手当事者に気付かず、自車右前部を相手車両左前部に衝突させたもの」

「報道メモ」は報道機関に配布される広報文である。道警は、すでに報道された案件については報道メモを開示しており、事件の概要を知ることができる。

「犯罪事件受理簿」「犯罪事件処理簿」も犯罪捜査規範に定められており、タイトルの通り、事件の受理や処理状況を記録した行政文書である。

文書特定の依頼は公式の手続きではない。それでもこの方法を小笠原さんが続けてきたのは、警察情報センターの担当者と一定の信頼関係ができているからだ。「何度もやりとりしていると『ああ、小笠原さん』みたいな感じになります。彼らからは『情報公開は法令にのっとって進めるもの』『あるものをないとは言えない』という姿勢を感じます。理屈が通じるというか、話しやすいとは言えますね」

## 全国の警察に情報公開請求

とはいえ、道警が不祥事の情報公開に後ろ向きであることに変わりはない。小笠原さんは、他の都府県警の状況も調べることにした。２０１６年1月に次のような請求内容で全国の警察本部に一斉に開示請求書を郵送した。

**〈２０１５年1年間の懲戒処分と監督上の措置の概要がわかる文書〉**

いくつかの都県での延長を経て２０１６年4月にはすべての開示文書が手元にそろった。合計で１０００枚を超えていた。中には、道警よりもはるかに詳細な記録を開示した県警が複数あった。

例えば宮城県警の「懲戒処分簿」には「白石警察署　巡査　24歳」が温泉宿で宿泊客の所持品を盗んだとして停職6カ月と記されていた。道警は所属や年齢を開示していない。

富山県警の「懲戒処分一覧」では氏名まで開示されているケースがあった。問い合わせたところ、報道発表したケースは公知の事実として開示しているとのことだった。そのほか、長野、静岡、宮崎の各県警も同様の扱いだった。

秋田県警は懲戒処分と監督上の措置の双方について、開示請求を待たずに報道発表していた。

この全国調査の結果は、『北方ジャーナル』２０１６年5月号に掲載されている。

## 内情を明かしてくれた若手警察官

このような報道を続けていると、小笠原さんの元には時々内部告発も寄せられるようになった。現職警察官や元警察官に取材する機会も多くなった。

懲戒処分一覧に「証拠偽造等事案」と記されていた元警部補に手紙を出したら、取材に応じてくれた。覚醒剤密売仲介人の調書を偽造するなどして証拠隠滅と地方公務員法（守秘義務）違反で公判中だった。元警部補は起訴事実を認めていたが、背景に厳しいノルマがあったことや、責任があるはずの上司が不問に付されていることなど、組織の問題を語った。

この事件のことを知りたくて、官舎をやみくもに回ったこともある。すると何軒目かで押した呼び鈴に若い警察官が出てきて言った。「ドア閉めて、小さい声でしゃべってください」。そしてノルマに追われる組織の内情を明かしてくれた。

小笠原さんが小学生だった頃、自宅に空き巣が入った。地元署から何人も捜査員がやってきて指紋と足跡を採取し、両親から話を聞いていった。その丁寧な仕事ぶりと、「眠いべ。寝てていいぞ」と優しく声を掛けてくれた刑事のことを今も覚えているという。

そんな警察官たちがいる一方で、不都合なことが起きると組織はできるだけ隠そうとし、隠し切れなくなると個人の責任にしようとする。そういう体質が改まらない限り、開示請求と記事の執筆は続けると小笠原さんは言う。

「この問題を書き始めたころは新聞やテレビも追いかけてくれて、未発表事案は減ったんですよ。だけど最近はまた増えています。雑誌に書いているだけでは限界があるんでしょうね。全国のメディアがこれを定期的にやってくれたらと思います」

そのほか、審査請求や裁判取材など、一連の道警不祥事報道のさらなる詳細については小笠原さんの著書『見えない不祥事』[19]に譲りたい。ビールとザンギをこよなく愛する人柄を垣間見ることもできる。

19 小笠原淳『見えない不祥事――北海道の警察官は、ひき逃げしてもクビにならない』リーダーズノート出版、2017
https://www.leadersnote.com/book_82/index.html

19

# 05

# 現物を閲覧する価値

## ——首相のあいさつ読み飛ばし

フリーランス　宮崎園子記者

### 「閲覧」がもたらした特ダネ

情報公開請求の目的は通常、開示された文書のコピーを入手することである。開示請求書の「写しの交付」欄にチェックを入れることがほとんどで「閲覧」を選ぶ機会は少ない。ところが、閲覧で現物を観察するという「発想の転換」によって達成された特ダネがある。広島を拠点に活動するフリーランスの宮崎園子記者が２０２１年10月１日にオンラインメディア「InFact」に発表した「【総理の挨拶文】のり付着の痕跡は無かった」（上・下）である[20]。

### 首相あいさつ文に「のり付着」の痕跡はなかった

２０２１年８月６日に広島市の平和記念公園であった平和記念式典のあいさつで、菅義偉首相（当時）は意味の通らないことを言った。

「日本は非核三原則を堅持しつつ、核兵器のない核軍縮の進め方をめぐっては、各国の立場に隔たりがあります」

原稿の一部を読み飛ばしたのである。首相官邸のウェブサイトの動画で確認できる。始まって2分20秒のあたりだ。[21]

本来の原稿は次の通りだった。網掛け部分が読み飛ばされた。

「昨年、私の総理就任から間もなく開催された国連総会の場で、『ヒロシマ、ナガサキが繰り返されてはならない。この決意を胸に、日本は非核三原則を堅持しつつ、核兵器のない世界の実現に向けて力を尽くします。』と世界に発信しました。我が国は、核兵器の非人道性をどの国よりもよく理解する唯一の戦争被爆国であり、『核兵器のない世界』の実現に

---

20 InFact「【総理の挨拶文】のり付着の痕跡は無かった」上、２０２１年10月１日
https://infact.press/2021/10/post-13859/

21 InFact「【総理の挨拶文】のり付着の痕跡は無かった」下、２０２１年10月１日
https://infact.press/2021/10/post-13863/
首相官邸ウェブサイト「令和３年８月６日 広島市原爆死没者慰霊式並びに平和祈念式あいさつ」
https://www.kantei.go.jp/jp/99_suga/statement/2021/0806hiroshima.html

20

21

向けた努力を着実に積み重ねていくことが重要です。
近年の国際的な安全保障環境は厳しく、核軍縮の進め方をめぐっては、各国の立場に隔たりがあります。このような状況の下で核軍縮を進めていくためには、様々な立場の国々の間を橋渡ししながら、現実的な取組を粘り強く進めていく必要があります」

「唯一の戦争被爆国」「核兵器のない世界の実現に向けた努力」などの大事な部分が欠落してしまった。NHKの生中継では、あいさつと字幕が合わなくなって字幕表示が一時中断するなど混乱し、菅氏は式典後の記者会見で陳謝。各メディアの報じるところとなった。

その理由について同日夜、複数の報道機関が「政府関係者」(共同通信)、「首相周辺」(毎日新聞)など匿名情報源の説明を引用し、原稿の一部にのりが付いていたため首相が紙を開けなかったとの趣旨の記事を配信した。

その「のり」説に強い疑問を投げ掛けたのが、宮崎さんの記事だった。現物を見て、触って、のりが付いていた形跡がないことを確認し、仮にのりが付いていたとしても原稿は見えなくならない構造であったことを明らかにしたのである。

それは、権力側の説明をうのみにせず、事実を確認して報じるというジャーナリズムの基本動作を体現した報道でもあった。

この記事はネットを中心に大きな反響を呼び、政府は反論しなかった。記事配信3日後の10月4日、加藤勝信官房長官(当時)は菅内閣最後となる官房長官記者会見で、「のりが付着していたのか」との朝日新聞と中国新聞の記者の質問に「事実関係は確認されていない」「政府として正式に申し上げた記憶がない」と述べている。

## 元広島市幹部からのアドバイス

宮崎さんにとって、実はこの記事は一種の「副産物」だった。

２０２１年に朝日新聞記者からフリーランスに転じ、新聞社時代から続けていた広島市議会初の政策条例となる「平和推進基本条例」案の取材に本格的に取り組み始めた。政策条例とは、首長ではなく議員が提案する条例のことで、議会の政策立案能力の一つの指標とされている。国会での議員立法に当たる。

しかし、平和推進基本条例案には平和記念式典について「市民等の理解と協力の下に、厳粛の中で行うものとする」との条文があった。記念式典会場周辺での市民団体によるデモの騒音規制を念頭に置いたものだ。「市民の行動を制約すると受け止められる」などとして被爆者団体や広島弁護士会などから修正を求める意見が出るなど議論になっていた。

条例は２０２１年6月にこの条文を維持したまま成立した。条例の成立過程に不透明さを感じた宮崎さんは、同じ問題意識を持つ行政法研究者やＮＧＯスタッフたちとともに、「平和推進基本条例検証会」という勉強会を開き、市議会への情報公開請求によってその過程を解明しようと考えたのだった。

そのメンバーの一人が広島市職員出身の本田博利・元愛媛大法文学部教授だった。本田さんは市職員時代、市情報公開条例（1986年施行）の立案に関わり、市公文書館長を務めた経験もあるなど情報公開制度に精通していた。

本田さんは宮崎さんに開示請求する際の文案を事細かにアドバイスしてくれた。情報公開は入り口が大切だから、まずは政策決定の流れとそれに関わる関係者をしっかり押さえること。また、文書には「報告書」「レクチャー資料」「会議資料」などいろいろあるから具体的に書くこと――。「新聞記者時代には『○○に関する資料一切』とか、大ざっぱな請求しかしたことがなかったので、目からうろこが落ちました」と宮崎さんは話す。

その開示請求をした直後に菅首相の「読み飛ばし事件」が起きた。

菅氏は読み飛ばしだけでなく「広島市」を「ひろまし」と言ったり、「原爆」を「げんぱつ」と読み間違えたりもしていた。

「平和運動をしている人や被爆者からも『なんじゃあれは』という声が出ていました。私は広島出身ということもあって、広島にこだわって取材をしてきました。一市民としても『けしからんなあ』と思いましたね。そしたら『のりが付着してはがれなかった』という報道がツイッターで流れてきて『本当にそんなことあるの？』と」

平和推進基本条例の情報公開請求について本田さんに会って近況報告をした時、やはり話題は菅首相の「読み飛ばし」になった。本田さんも「のり」説に懐疑的だった。

平和記念式典の運営にも携わったことがある本田さんは、壇上に残されたスピーチ原稿は市が回収して保管していることを知っていた。つまり、あいさつ直後の原稿の状態を「政府関係者」や「首相周辺」が確認できる可能性は低いというのだ。市の取得文書なので市に情報公開すれば開示の対象になる。

「閲覧すれば一目瞭然ですよ。出てくるか分からんけど、開示請求してみますわ」と、まずは本田さんが開示請求をしてみることになった。

## 「現物に触れられるなんて面白い」

本田さんの読み通り、やはり現物は市に保管されていた。8月23日に請求して9月3日には開示決定が出たという。奇しくも菅首相が辞任表明をした日だった。「大変きれいな原稿だった。あなたも見にいくといい」。9月6日に閲覧に行った本田さんの言葉を聞いて、宮崎さんも自ら閲覧を請求することにしたのだった。

「情報公開請求をして現物を触りにいくなんて、面白いじゃないですか。それが最大のニュースだなと思いました」

広島市は情報公開請求のことを正式には「公文書開示請求」と呼んでいる。宮崎さんはウェブサイトのフォームから9月16日に開示請求した。「請求する公文書の件名又は内容」の欄には次の1行だけを書き込んだ。

**〈令和3年広島市原爆死没者慰霊式並びに平和祈念式内閣総理大臣挨拶文〉**

「こんなピンポイントな開示請求をしたのは初めてでした」と宮崎さんは言う。

数日後には、あいさつ文の保管を担当している市民活動推進課から電話がかかってきた。

「開示決定が出ました。公文書館で開示するので22日以降、いつ来ていただいても結構です。開示決定書は郵送しましょうか。それとも閲覧の時にお渡ししましょうか」

「じゃあ22日に行きます。決定書もその時に」

そんなやりとりを経て、宮崎さんは市役所向かいのビル8階にある市公文書館に自転車を走らせた。

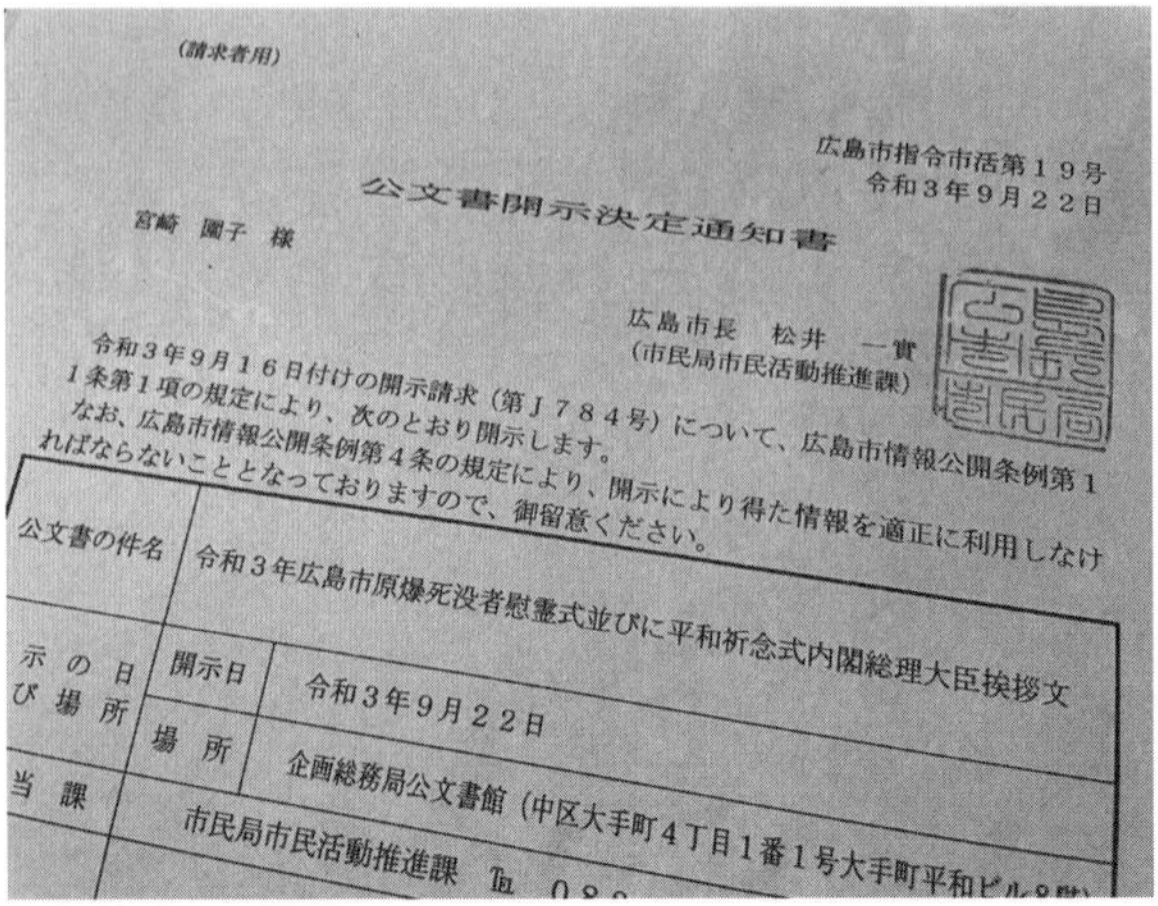

（請求者用）

広島市指令市活第１９号
令和３年９月２２日

公文書開示決定通知書

宮崎　園子　様

広島市長　松井　一實
（市民局市民活動推進課）

令和３年９月１６日付けの開示請求（第Ｊ７８４号）について、広島市情報公開条例第１１条第１項の規定により、次のとおり開示します。

なお、広島市情報公開条例第４条の規定により、開示により得た情報を適正に利用しなければならないこととなっておりますので、御留意ください。

| | | |
|---|---|---|
| 公文書の件名 | | 令和３年広島市原爆死没者慰霊式並びに平和祈念式内閣総理大臣挨拶文 |
| 示の日び場所 | 開示日 | 令和３年９月２２日 |
| | 場　所 | 企画総務局公文書館（中区大手町４丁目１番１号大手町平和ビル８階） |
| 当　課 | | 市民局市民活動推進課　℡　08 |

広島市が出した開示決定通知書（宮崎さん提供）

案内された部屋で待っていると、市民活動推進課の男性職員がやってきて、ヨレヨレの白いトートバッグから「挨拶」と書かれた白い紙の包みを取り出した。

「総理大臣が厳粛な式典で読んだあいさつ文だから、桐の箱か何かに入っているのかと思っていました。『ちゃんと扱わなければ』と思って白手袋を持って行ったんですけど、職員が素手だったので素手で受け取りました」

宮崎さんはあいさつ文を念入りに観察した。

それはＡ４判サイズの和紙のような材質の紙を横に7枚つなぎ合わせ、3行分ごとに蛇腹状に折り畳まれたものだった。菅首相は6行分を読み飛ばしたことが分かった。

広げると長さは2メートルほどあった。継ぎ目部分は幅約2センチの同じ材質の紙を裏側から貼ってつなげられていた。裏面に貼られているため、仮にのりがはみ出したとしても、くっつくのは裏面同士で、表の原稿が見えなくなる状態にはならない。

接続部分の細い紙にたるみやシワ、ずれは全くなく、のりがはみ出した形跡はない。これをつくった人が細心の注意を払っていたのは明らかだった。宮崎さんが思わず「めちゃくちゃいい仕事してますね」と言うと、傍らで控えていた市職員は、苦笑いしながら「こんな請求は初めてですよ」と答えた。写真や動画の撮影も特に警戒されることなくＯＫが出た。

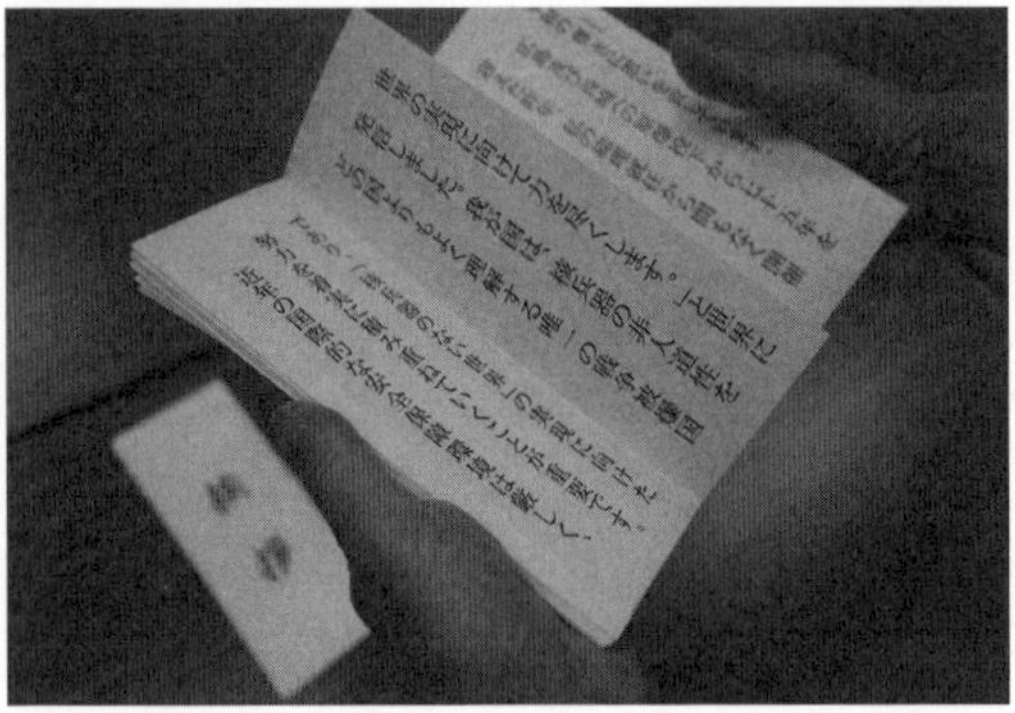

開示された首相のあいさつ文（宮崎さん提供）

あいさつ文の裏面（宮崎さん提供）

## ネットワークづくりの大切さ

宮崎さんは金融機関勤務を経て２００２年に朝日新聞に入社、神戸に3年、広島に2年勤務した後、大阪本社で社会部と生活文化部に所属した。２０１７年に2回目の広島総局勤務となり、東京社会部への転勤を打診されたのをきっかけに２０２１年に退社。出生地広島でフリーランスとして活動する道を選んだ。朝日新聞時代は原爆や戦争、警察・司法、災害復興、社会福祉などの分野を主に取材した。記者クラブ所属よりは遊軍が長い記者生活だった。

宮崎さんは首相あいさつ文の報道をこう振り返る。

「本田さんがいたからこそできた仕事です。ネットワークづくりは大事ですね。それから、面白がることも」

情報公開制度を使ったことについてはこう考えている。

「『やろうと思えば誰でもできる』という敷居の低さを示せたのは本当によかったと思っています。いろいろな人が『自分たちでやってみよう』と情報公開請求をするようになったら、行政の透明化につながっていくのではないでしょうか」

実際、宮崎さんの記事を読んだ地元の崇徳高校新聞部の部員が同じようにあいさつ文を閲覧して高校新聞の記事にしている。

宮崎さんはその後も情報公開制度を使って取材を続けている。市立中央図書館の移転をめぐる経緯を市に情報公開請求したところ、肝心の部分は黒塗りや「文書不存在」だらけだった。市の意思決定過程の不透明さを指摘する論考を２０２３年１月31日に中国新聞に寄稿した。

Ｇ７広島サミット後、広島市が唐突にアメリカのパールハーバー国立記念施設との姉妹公園協定締結を発表した際も、情報公開請求で経緯を調べた。

「どこが黒塗りにされているかということも一つのニュースだと思うんです。政策決定のプロセスにおいて当然存在するであろうものが存在しない、といったことも。プロの取材者も『情報は国民のものなんだ』という原点に立ち返って、積極的に制度を利用してほしい。特に新聞社やテレビ局はチーム取材ができる。見せ方をいろいろ工夫できるのではないでしょうか」

首相のあいさつ文の内容は政府のウェブサイトで公表されている。しかし、情報というのは何も文字や数字に書かれたものだけではない。見たり触ったり、五感で感じられることすべてが情報なのだということを、宮崎さんの仕事は気付かせてくれる。

# 06

# 情報公開訴訟を起こす

## ――旧優生保護法と強制不妊手術

京都新聞　森敏之記者

### 報道機関としての提訴は全国初か

記者や報道機関が政府や自治体を相手取って情報公開訴訟を起こすケースは欧米ではしばしば見られるが、日本でも同様の動きが始まっている。

旧優生保護法の問題を追っている京都新聞の森敏之記者は、強制不妊手術に関する公文書について２０２０年に滋賀県に開示を求める訴訟を起こした。開示を求めた第三者機関の答申に県が従わなかったためだ。

大津地裁は２０２３年３月、森さん側が求めた部分のうち約８割の開示を命じる判決を出した。しかし、県側が控訴し、森さん側もさらなる開示を求めて控訴したため、現在は大阪高裁で係争中だ。

この訴訟は京都新聞が組織としてバックアップしている点でも特筆される。記事では「京都新聞社が滋賀県に開示を求めた訴訟」と表記し、一審判決の際は円城得之編集局長が「大きな前進と受け止めています」とのコメントを発表している。記事データベースで確認する限り、報道機関が訴訟で情報公開を争うケースは前例が見当たらない。

不開示に対する審査請求は個人の判断で比較的簡単にできるが、訴訟となるとそうはいかない。弁護士の依頼やその費用、訴状や答弁書の作成などの手間、そして報道機関所属の記者には会社の説得といった難問が待ち構えている。

それでも森さんが提訴に踏み切ったのは、強制不妊手術という重大な人権侵害の検証には行政の記録開示が不可欠であり、再発防止の核心でもあると考えたからだ。

強制不妊手術そのものの問題だけでなく、審査請求の結果や県の対応、そして自身の裁判についても情報公開の問題として節目ごとに大きく報じてきた。

２０１７年に情報公開請求をしてから6年以上にわたる長い闘いになっている。苦労も多いという。だが、その実践は、ここぞというときには記者にも情報公開訴訟という道が開かれていることを教えてくれる。

## 旧優生保護法の非人道性

まず、旧優生保護法とは何かを再確認しておきたい。

旧優生保護法は議員立法で１９４８年に施行された。「不良な子孫の出生防止」を目的の一つとし、本人同意なしに障害者らに強制的な不妊・妊娠中絶手術をすることを認めていた。国は強制手術の際に身体拘束や麻酔、欺罔《きもう》(だますこと)などの手段も容認していた。１９９６年に差別的条項を削除した母体保護法に改定され、２０１９年には被害者に一律３２０万円の一時金を支給する法律が議員立法で成立している。

２０１８年以降、38人の被害者が全国12地裁・支部で国に賠償を求めて訴訟を起こした。旧優生保護法は個人の尊重や法の下の平等などを定めた憲法に違反しているとの判断は定着し、8判決が国に賠償を命じたが、国側は控訴・上告している。

国会の調査報告書によれば、不妊手術は2万４９９３件に上り、66%は本人の同意を必要としない規定によるものだった。最年少は9歳だった。被害者40人に対するアンケートでは27人が手術の意味を知らされていなかった。盲腸の手術と偽って受けさせた例や、法で認められていない子宮摘出が勧奨されたケースもあった。

## きっかけはイベントの告知記事取材

森さんは２００５年に京都新聞に入社した。舞鶴支局、報道部府警担当などを経て遊軍記者だった２０１６年3月、イベントの告知記事を書くために京都市の障害者団体を取材した時、宮城県の70代の女性、飯塚淳子さんの存在を初めて知る。

飯塚さんは16歳の時に不妊手術を受けさせられ、国に謝罪や調査を求める活動を続けてきた。氏名は本名ではなく活動名だ。現在は飯塚さんを含む多くの被害者やその配偶者が国家賠償請求訴訟を起こしているが、当時、公の場で証言していたのは飯塚さんだけだった。

個人の尊重を明記している現行憲法下で露骨な人権侵害が続けられていたことに森さんは驚いた。東京で開かれた集会に飯塚さんが登壇すると聞き、会いに行った。

「何も説明されないまま麻酔を打たれた」

「優生手術が私の人生を奪ったのです。手術前の体に戻してほしい。人生を返して」

「自分の人生に何が起きたのか。なぜ手術が進められたのか。せめて知りたい」

しかし、宮城県は手術に関する記録を保存期限が切れたとして焼却処分していた。証拠がないために裁判を起こすこともできない。森さんは会場でメモを取るのも忘れ、飯塚さんの言葉に聞き入った。

飯塚さんは１９９０年代から宮城県に対して情報公開請求を繰り返してきた。宮城県が飯塚さんを当事者と認める方針を示したことから２０１８年に提訴はできた。それでも請求の文言を変えながら情報公開請求は続けている。何とかして手術の理由を知りたいという思いからだ。森さんは言う。

「飯塚さんの執念に動かされました。飯塚さんとの出会いがなければ、この問題には関心を持たなかったと思います」

京都にも被害者がいるはずだと考えた森さんは、府の「衛生統計年報」や公文書館にあたる府立総合資料館（現・京都学・歴彩館）に残っていた「優生保護審査会」の記録などから、１９７５年までに男女89人が不妊手術を強いられていたことを突き止めた。中には12歳の少女もいた。そうして掘り起こした最初の記事は、２０１６年６月６日の朝刊１面に掲載された。

## 重要項目はほぼ黒塗りの開示文書

森さんは２０１６年10月、滋賀県近江八幡市にある滋賀北部総局に異動となり、しばらくこの問題からは遠ざかっていた。しかし２０１７年、神奈川県立公文書館に残されていた同県の優生保護審査会の資料から不妊手術の具体的な経緯や状況が明らかになったことをＮＨＫや全国紙の報道で知り、取材の再開を決意する。

優生保護審査会は強制不妊手術の要となる機関だった。知的障害や精神疾患などを理由に医師が手術を申請し、その適否を審査会が決めていたのである。構成員は医師、行政幹部、裁判官や検察官らだった。国には中央優生保護審査会があり、当事者や家族らが再審査を求められる仕組みにはなっていたが、形骸化していた。

滋賀県にも優生保護審査会の記録が残っていれば、同じような検証ができるのではないか。そう考えた森さんは２０１７年12月5日、県に次のような文言で情報公開請求をした。

**〈優生保護審査会の審議録や審査会に提出された文書（申請書、検診録など）一式。優生保護法第４条に基づく手術にかかる国費請求のための会計資料など一式。手術実態が分かる優生手術台帳のようなもの〉**

公文書は現用文書と歴史的公文書に大別される。神奈川県は優生保護審査会の記録を歴史的公文書として公文書館に収蔵していたが、滋賀県は現用文書扱いだった。そのため情報公開請求が必要だったのである。

森さんは舞鶴支局時代、市政関連の取材に1回だけ情報公開制度を使ったことがあった。２０１８年1月11日に県は一部公開決定を出し、４年間分の資料１３７枚が開示され、人権侵害の一端が明らかになった。例えば１９７１年に申請された20代未婚女性のケースでは、娘の手術を拒む親を「無知と盲愛」と記していた。会議を開かず書面だけの審査で少なくとも3人の女性の手術を「適」と認めていた。

この開示文書に基づく記事は２０１８年1月26日、1面トップと社会面に掲載された。1面では滋賀県と京都府では大半の記録が廃棄されて被害者の特定が困難になっていること、社会面には滋賀県の開示文書に手術を拒む家族を侮蔑する表現があったことなどを報じた。

しかし、滋賀県の被害者２８２人のうち記録が残っていたのは10人分だけだった。その記録も実態を解明するための重要な項目はほぼ黒塗りだった。

例えば医師が作成した「優生手術申請書」には「優生手術を受くべき者」の氏名や住所、生年月日、性別、申請理由、申請医師の診療科名や氏名、申請年月日の記入欄がある。「健康診断書」には氏名や住所、年齢、性別のほか、病名や発病後の経過、現在の症状、診断医師の氏名が記されていた。

しかし、その後追加で開示された文書も含め、被害者の年齢、手術の理由とされた症状や遺伝関係、申請の動機、生活状況などは黒塗りされていた。前述した神奈川県の文書では年齢を除いていずれも公開されていた情報である。

## 審査請求でほぼ全面開示が認められる

そこで森さんは２０１８年2月27日に県に審査請求をした。審査請求書には請求の理由を次のように書いた。

〈旧優生保護法に基づいて障害者らが本人の同意なく強制不妊手術を受けさせられていたことが社会問題化するなか、各都道府県が保存期間切れを理由に公文書の大半を廃棄してしまったため、実態の把握や当時の社会認識を知ることは極めて難しくなっている。

こうしたなか、断種の適否を決めた滋賀県優生保護審査会の公文書は、県内で行われた

滋賀県が開示した同県優生保護審査会の文書

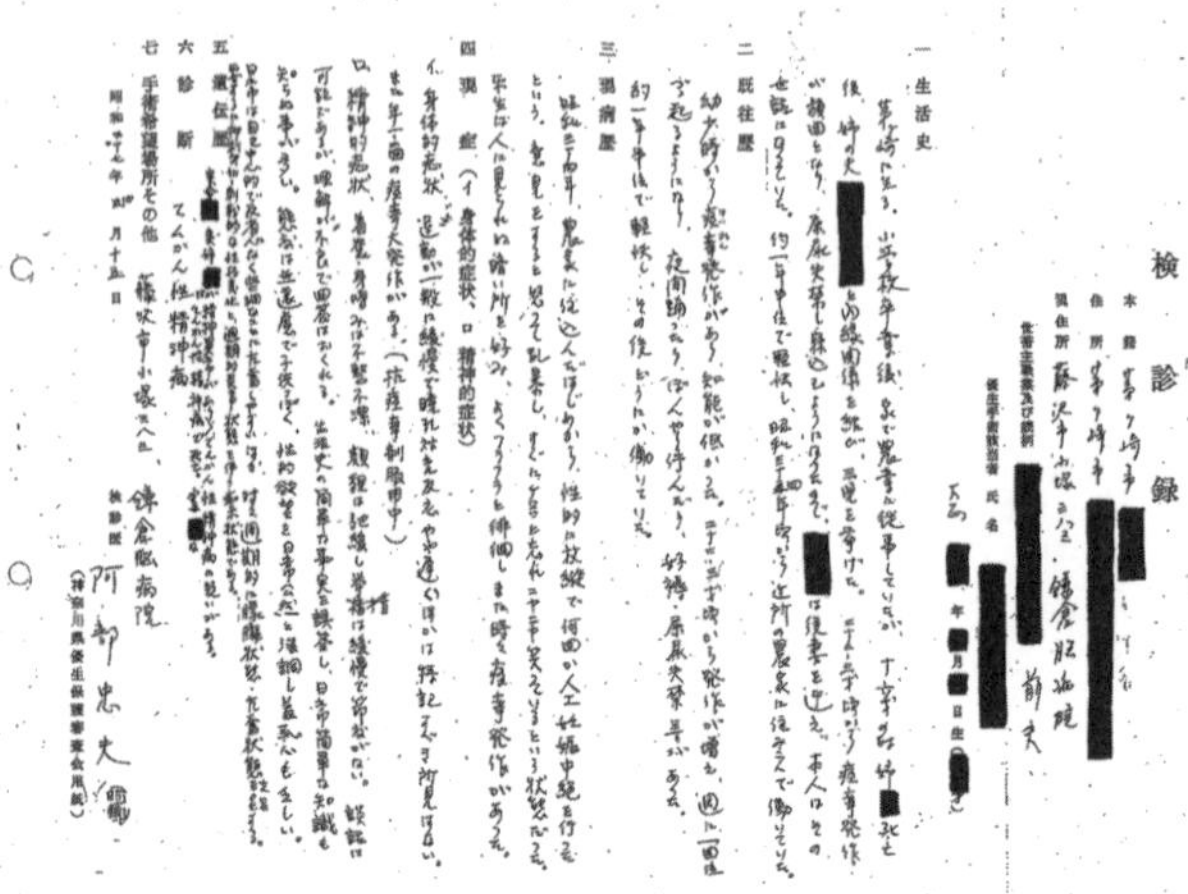

検診録

一 生活史

二 既往歴

三 現病歴

四 現症（イ 身体的症状、ロ 精神的症状）

五 遺伝歴

六 診断

七 手術希望場所その他

（神奈川県優生保護審査会用紙）

神奈川県公文書館が公開した同県優生保護審査会の文書

強制不妊手術の実態を知る上で重要な文書であり、県民の共有財産であるといえる。そのため、非公開とする範囲は必要最小限に止めるべきであり、審査会で手術の適否が審査された手術対象者と保護義務者の氏名、住所、生年月日については、プライバシー保護のために非公開とすることは理解できるが、それ以外の項目は県が県民に説明責任を負うべき内容で、当然公開すべきである。

そして、手術対象者と保護義務者の氏名、住所、生年月日以外に、条例の非公開情報に該当するものがある場合においても、障害者差別という誤った過去と向き合い、二度と繰り返さないために、優生保護審査会の一次資料の検証には公益性があることから、それらの情報についても条例第8条に基づき公開すべきである〉

「条例第8条」とは、条例に非公開と規定されている情報であっても「公益上特に必要があると認めるときは当該公文書を公開することができる」と定めた県情報公開条例[22]の条文を指す。国の情報公開法や各自治体の情報公開条例にも同様の規定がある。

22 滋賀県情報公開条例
https://www.pref.shiga.lg.jp/site/jourei/reiki_int/reiki_honbun/k001RG00000247.html

滋賀県条例は法や他の自治体の条例と同じく、特定の個人が識別できる情報は非公開と定めている。森さんは被害者と保護義務者の氏名、住所、生年月日の不開示については争わず、それ以外の情報を最大限開示するよう求めたのである。

審査請求を受けた県は、条例が定める第三者機関である公文書管理・情報公開・個人情報保護審議会（以下、審議会または情報公開審議会と表記）に諮問した。情報公開に関する審査は同審議会審査部会の分科会で行われる。分科会のメンバーは有識者や法律家6～7人だ。

森さんは神奈川県が公開している文書や、自身がそれまで書いてきた記事のコピーなどを添えた意見書を審議会に追加提出し、口頭でも意見陳述するなど相当なエネルギーを注いだ。「審議会で勝たないと取材のスタートラインに立てないわけですから、全力を挙げなあかんと思ったわけです」と森さんは言う。

審議会は黒塗りのない元の文書を見分する「インカメラ審査」を含む9回の審議を経て、審査請求から1年半後の２０１９年8月28日に答申を出した。この間、森さんは２０１９年5月の人事異動で京都の報道部に戻っていた。

審議会の答申は被害者と保護義務者の氏名や住所、手術を申請した医師氏名、生年月日の「月日」、一部の固有名詞などを除き、ほぼ全面的な開示を求めるものだった。森さんの主張が認められたのである。

審査請求を受けた行政機関は、第三者機関からの答申を受けたら「裁決」をしなければならないと行政不服審査法に定められている。情報公開の場合は、答申を受けて改めて開示・不開示の決定をすることになる。

森さんは「強制不妊文書　開示答申　滋賀県審議会」との記事を翌日朝刊に書き、裁決に期待した。

## 情報公開審議会の答申に従わなかった滋賀県

ところが、事態は予想外の展開を見せる。

県がなかなか裁決をしない。情報公開条例は「速やかに裁決しなければならない」と規定し、県の内規は「原則30日、特別の理由がある場合は60日以内」としているにもかかわらず、その期間は過ぎてしまった。

県がようやく裁決をしたのは、答申から１６８日後の２０２０年2月12日だった。しかも、審議会が開示を求めた４４９カ所のうち約8割に当たる３４７カ所を再び不開示とした。審議会の答申に従わなかったのである。

県は答申と違う裁決をした理由について裁決書で次のように述べている。

「本件対象公文書に記載されている優生手術の対象となった者の病状等の情報は、個人の心身の状況等に関する情報の中でも、特に本人およびその親族が偏見や差別による人権侵害を受けるおそれがある情報であり、一般的にカルテに記載されている病名等の情報に比べ、より一層の法的保護の必要性があるものと認められる」

答申に法的拘束力はない。しかし、答申に従って裁決するのが通例だ。

森さんがのちに全都道府県に取材したところ、統計がないと答えた３県を除く44都道府県で、答申に反する裁決がなされたのは過去５０４３件のうち68件しかなかった。全体のわずか１・34％である。

国でも審査会の答申に従わないケースはまれだ。総務省の情報公開制度に関する施行状況調査によれば２０２１年度、情報公開・個人情報審査会の答申を受けた裁決が６０４件あったが、答申と異なる裁決をしたケースはゼロだった。その前の施行状況調査を集計した２０２０年４月６日の東京新聞記事「省庁『不適切』でも

| | |
|---|---|
| 2016年6月 | 京都府の強制不妊手術被害者について初めて報道 |
| 2016年10月 | 滋賀北部総局（近江八幡市）に異動 |
| 2017年12月 | 滋賀県に優生保護審査会の記録を情報公開請求 |
| 2018年1月 | 県が大半を黒塗りにした文書を開示 |
| 2018年2月 | 県の開示を不服として審査請求 |
| 2019年5月 | 京都本社報道部に異動 |
| 2019年8月 | 県情報公開審議会がほぼ全面開示を求める答申 |
| 2020年2月 | 県が答申に反し再び大半を黒塗りにした文書を開示 |
| 2020年8月 | 県に情報公開を求めて大津地裁に提訴 |
| 2021年11月 | 訴訟対応のためニュース編集部に異動 |
| 2023年3月 | 大津地裁が一部開示を命じる判決 |
| 2023年4月 | 大阪高裁に控訴。県も控訴 |
| 2023年10月 | 控訴審第１回口頭弁論 |

京都新聞・森敏之記者による情報公開訴訟の経緯

不開示　情報公開　審査会に従わず」によれば、２００１～18年度に各省庁が審査会の答申通りに裁決したのは計１万２２５２件で、答申と違う裁決をしたのは22件だった。しかも、そのうち約１割は答申の求めより公開度を高めていたという。

滋賀県の裁決を受けて森さんは新たな情報公開請求をした。不自然な裁決の背景に何があったのかを知りたかったからだ。

**〈平成30年滋審（ア）第5号と平成30年滋審（ア）第12号の裁決に至るまでの内部協議資料、決裁文書、外部への相談資料・記録一式（メールを含む）〉**

「平成30年滋審（ア）第○号」は審査請求の事件番号である。２週間後に開示された公文書からは、県が顧問弁護士に「個人情報保護の観点からの妥当性」についてのみ意見を求めていたことなどが判明。「個人情報だから非公開」という方針ありきの硬直した姿勢が浮かび上がった。この件も２０２０年３月７日に記事化した。

滋賀県公文書管理・情報公開・個人情報保護審議会はのちに「建議書」[23]を公表。「答申に示

---

23 滋賀県ウェブサイト「滋賀県公文書管理・情報公開・個人情報保護審議会の建議について」２０２０年８月６日 https://www.pref.shiga.lg.jp/kensei/koho/e-shinbun/oshirase/313632.html

23

された専門的かつ健全な社会常識を反映した判断をないがしろにし、答申尊重義務に明らかに反する」と県を厳しく批判した。そして、裁決の判断と遅れについて審議会と県民に公開の場で説明することを求めた。これも異例のことである。

## 提訴を決意し会社を説得

県の裁決を知った時点で「これは裁判をするしかないな」と森さんは思ったという。とはいえ、自分の判断でやってきた情報公開請求や審査請求と違い、一人ではできない。代理人になってくれそうな弁護士につてはない。資金も必要だ。「京都新聞の記者が提訴」と報道される可能性もある。訴訟を起こす場合は裁決を知った日から6カ月以内にしなければならないと行政不服審査法で定められている。時間もあまりなかった。

「会社には相談せなあかんとは思ったんですが、無防備の状態で相談するよりも、まずは専門家に相談しようと考えました」

自治体が審査会の答申に従わない裁決をしたケースが京都府内でもあった。府教委と各市町教委が実施した学力診断テストの結果について、城陽市教委が答申に反して一部不開示とし、情報公開請求をしたNPO法人がその決定の取り消しを求めて訴訟を起こしていた。

その訴訟を担当する弁護士に相談したらいいのではないかと考え、司法担当の同僚記者に聞くと、浅井亮弁護士だと教えてくれた。だが、ここで森さんは迷った。

「取材じゃなくて法律相談になるわけですよね。浅井弁護士の事務所のサイトをみると30分5000円と書いてある。でも、行かないという選択肢はない。考えた結果、まずは取材という形にしました。『自分が取材している件で答申と裁決が食い違うケースが出てきたのですが、見解をうかがいたい』と」

だが、面会した浅井弁護士は森さんの予想を超えて積極的だった。「非常に公共性、公益性の高い案件です。私、いざとなれば手弁当でもやりますよ」。そして旧優生保護法の問題に詳しい弁護士に声を掛けてくれることになった。

次は会社だった。森さんは信頼する同僚に相談し、幹部説得のための文書をまとめて上司の報道部社会担当部長に渡した。主に次のような内容だった。

・強制不妊に関する情報公開請求と審査請求は業務としてやってきた。紙面にも「京都新聞の情報公開請求に対して」と表記している。
・実態解明のためには裁判しか手段が残されていない。
・答申に反する裁決は情報公開制度の否定。情報公開制度を形骸化させないためにも司法の場で是正する必要がある。
・弁護士費用を会社で負担し、裁判に伴う作業を業務として認めてほしい。

その結果、会社は森さんの意見具申を全面的に認めた。

森さんが部長に文書を出してから約2カ月後の2020年6月18日、京都新聞社と弁護団は契約を結んだ。森さんによれば、契約の詳細は明かせないものの「着手金は通常50万〜60万円といわれるが、そこまではいかない。成功報酬もなし。弁護団の人数が増えても額は変わらない」といった破格の内容だという。その代わり、裁判用の情報収集や資料の作成などの作業は森さんも分担することになった。

## 一審で「8割勝訴」

浅井弁護士を含む京都弁護士会の有志9人が代理人を務めることになり、森さんは2020年8月7日に滋賀県を相手取って大津地裁に提訴した。強制不妊手術をめぐる情報公開訴訟としても全国初だった。訴えの概要は次の通りだ。

「滋賀県知事が原告に対してした公文書一部公開決定のうち、別紙記載の非公開部分を取り消し、滋賀県知事はその部分を公開する旨の決定をせよ」

森さん側は裁判を通じ、主に次のような主張を展開した。

「不開示部分の公開は多くの市民が具体的事実を共有し、今後、日本が公権力の主導による人権侵害を起こさないために必要不可欠」

「プライバシー権をみだりに侵害しない限り、公開されなければならない」

情報公開審議会の答申に反した裁決は、情報公開条例が定める答申尊重義務に違反しているとも訴えた。

これに対して県は、森さんが開示を求める箇所には、手術対象者の就労状況、発病に起因する行動、犯罪歴、性的傾向、異性との関係、家族の職業、生活状況、収入――などが記載されていると明らかにし、仮に個人が特定されなくても、通常他人に知られたくない利益侵害情報に当たると主張した。

また、審議会がプライバシー保護と公益を比較衡量したことを「条例解釈を誤っている」と批判。開示の判断に「人権侵害該当性や社会の関心は考慮要素とならない」とも主張した。

裁判は時間がかかる。２０２０年10月30日に第１回口頭弁論が開かれて以降、10回の口頭弁論を重ね、２０２２年12月13日に結審。２０２３年３月24日に判決があった。

それは森さんの「8割勝訴」ともいうべき内容だった。

大津地裁の堀部亮一裁判長は、滋賀県が黒塗りにした３４７カ所のうち２２５カ所の全面開示と61カ所の部分開示を命じた。不開示を妥当としたのは61カ所だった。開示を求めた部分のうちの82％が認められたことになる。

審議会の答申に反した裁決については「条例は答申と異なる裁決をしてはならないと義務付けていない」として、違法性はないと判示した。

森さんや弁護団は一定の意義のある判決だと評価した。

なぜなら優生保護審査会の文書の開示状況は都道府県によって違っていて、滋賀県の情報公開審議会が示した基準と同レベルで開示しているのは神奈川や岐阜、鳥取、福岡、大分の各県など少数派にとどまっているからだ。この判決が前例となってそれ以外の県でも開示の幅が広がる可能性があった。

とはいえ、判決が不開示とした情報には、審議会で公開が妥当とされ、複数の他県でも開示された項目も含まれていた。特に異性関係や遺伝関係に関する情報は被害解明に向けた核心部分であると考えていたことから、森さんは控訴を決意した。控訴状を大津地裁に向けて発送した日の夕方、滋賀県も控訴したことを公表した。

## 「原告」となって知ったこと

開示請求は森さん個人でしたため、法人としての京都新聞社は原告にはなれない。しかし、京都新聞は記事では森さんの裁判を「京都新聞社が滋賀県に開示を求めた訴訟」と表記している。なぜなのか。森さんは言う。

「会社として組織決定しているということを示すためです。そもそも記者も業務として情報公開請求しているわけで、イコール会社の業務ですよね。つまりこの裁判は、あくまでも取材の一環であるという位置付けなんです」

ただ、提訴を境に森さんの立場は取材者から当事者になった。提訴や判決の記事は同僚が書き、自身は記者会見を開いた。取材される側になったのである。

「法廷以外で発信ができなくなりました。記事で滋賀県を批判すれば、紙面を私物化することになってしまう。この不自由さは原告になってみないと分からなかったですね。でも、裁判をしないという選択肢はなかったので、仕方ないと自分に言い聞かせています」

裁判の過程で驚き、とまどったこともあった。県が情報公開審議会の議事録を証拠として提出してきたのである。

審議会の議論は原則非公開で行われる。議事録は情報公開請求に対しては「率直な意見の交換もしくは意思決定の中立性が不当に損なわれるおそれ」という条例の定める理由で不開示になる可能性がある。

「報道機関としてはできるだけ情報公開をするよう求める立場なので、言い方が難しいですけれど、個人的にはものすごく違和感を覚えました。普通は公開しないのに、自分たちに都合がよいと判断すれば出すのかと」

裁判のための作業量も半端ではなかった。採算を度外視して代理人を請け負ってくれた弁護団の負担を減らすため、証拠となり得る他府県の優生保護審査会文書の収集と読み解き作業の多くを森さん自身が担ったためだ。また、一部の書類作成にも携わった。

例えば、滋賀県が情報公開審議会の答申に反して黒塗りにした部分３４７カ所の一覧表の作成だ。法廷に出す文書なので間違いは許されない。通常業務を終えた後に取りかかるため、帰宅が午前0時を回る日が続いた。記事のためではなく、裁判資料のために取材をしなければならないこともあった。

1年半ほど報道部の仕事と裁判を両立させていたが、体力の限界を感じ、自ら希望して2021年11月にニュース編集部に異動した。紙面のレイアウトや見出しを担当する、いわゆる整理部である。ローテーション職場のため裁判準備に充てる時間がとりやすい。旧優生保護法の問題については引き続き記事を書くこともできる。

森さんは今も旧優生保護法の問題に「隠れた刃」というワッペンをつけて継続的に報道している。裁判の経過や、なぜ裁判が必要なのかについても折に触れて記事にしてきた。

「記者人生の中で数年間かけても取り組む価値のある裁判だと思っています」

大阪高裁での控訴審の審理は2023年10月11日に始まった。

07

# 米国ＦＯＩＡを活用する
## ――軍やＣＩＡからも情報を入手

フリーランス　ジョン・ミッチェル記者

### 米国には日本の情報が集積

情報公開制度があるのは日本だけではない。外国の制度を日本にいながらにして使うこともできる。特に外交や軍事の面で日本と強い結び付きのある米国には、日本に関する情報も多く集積されている。米国立公文書館に史料を探しに行く日本の記者や研究者は多いが、米国の情報公開制度を活用するケースは少ない。まだ開拓の余地が大きい分野ともいえ、トライしてみる価値は十分にある。

その先駆者として、多くのスクープを世に出してきたのが英国人ジャーナリスト、ジョン・ミッチェル記者だ。

ミッチェルさんは英国・ウェールズ生まれ。１９９８年以降、日本を拠点にジャーナリストとして活動してきた。現在は沖縄タイムス特約通信員、明治学院大学平和研究所研究員、東京工業大学非常勤講師も務めている。主に沖縄をフィールドとし、最近は米軍基地内外の有機フッ素化合物（ＰＦＡＳ）汚染の報道を精力的に続けている。

２０１５年には沖縄の人権問題報道で日本外国特派員協会「報道の自由・報道功労賞」(Freedom of Press Lifetime Achievement Award)を受賞。２０２１年には米軍による西太平洋の環境汚染の実態を暴いた著書『Poisoning The Pacific』で米国環境ジャーナリスト協会出版賞、２０２３年には沖縄タイムス英語サイトでの米軍による環境汚染報道で同協会環境報道賞部門３位、琉球朝日放送の特別番組「命《ぬち》ぬ水《みじ》～映し出された沖縄の50年～」で同局の島袋夏子ディレクターと共に石橋湛山記念早稲田ジャーナリズム大賞公共奉仕部門大賞を受賞した。

ミッチェルさんが最初に米国の情報公開制度を使ったのは２０１４年のことだった。

当時ミッチェルさんは沖縄の米軍基地での枯れ葉剤による環境汚染を調べていた。ミッチェルさんの曽祖父は第一次大戦で北ヨーロッパの戦場に出征し、毒ガス攻撃を受けて九死に一生を得ていた。母からそれを伝え聞いて化学兵器への恐怖をずっと感じていたこと、尊敬するウェールズ出身の報道写真家、フィリップ・ジョーンズ・グリフィス氏がベトナム戦争で米軍が使った枯れ葉剤の問題を追っていたことが背景にあった。

１９６０～70年代に沖縄に駐留していた米兵が退役後、がんや心疾患などを発症する事例が相次いでいた。彼らは基地の除草のために使われていた猛毒の枯れ葉剤「エージェント・オレンジ」が原因だと考えていたが、米政府は治療費の補償を拒否していた。沖縄にエージェント・オレンジが存在した証拠がないというのが理由だった。

そこでミッチェルさんは米政府に米国の情報自由法（Freedom of Information Act）に基づく開示請求をした。その頭文字からＦＯＩＡ（フォイア）と呼ばれている。

最初は請求が無視されたり却下されたりしたが、文言を変えるなどして請求を繰り返したところ、1年半後に求めていた文書を入手することができた。１９７０年代に沖縄の基地でエージェント・オレンジの成分が検出されたことを記録した米軍の報告書だった。

この報告書に基づいて、ミッチェルさんは沖縄の米軍基地での枯れ葉剤使用をジャパンタイムズなどで報道、退役米兵たちとも資料を共有した。その結果、米国政府は一部の被害者に補償金を支払うようになった。

ここで重要な教訓を二つ得たとミッチェルさんは言う。

「まず、日本での米国政府の活動を調査するのにもＦＯＩＡは使えるということ。そして、ＦＯＩＡで得た情報は一般の人たちを助けることができるということです」

## ＦＯＩＡとはどのような制度か

ミッチェルさんのその後の仕事を紹介する前にＦＯＩＡの概要に触れておきたい。

ＦＯＩＡは１９６６年に制定された。本書のＰＡＲＴ２－01「一から分かる情報公開制度」でも触れているが、世界的にも歴史の長い情報公開法である。米司法省の年次報告書[24]によれば、２０２２年には92万８３５３件の開示請求があった。

請求は誰でもできる。米国人でなくてもいい。文書、写真、動画、音声、メール、チャットなど米連邦政府が保有している記録はすべてが請求の対象になる。請求するときに必ずしも文書や記録の正式タイトルを書く必要はなく「○○に関する記録」などと、省庁が該当する記録を探すことができる程度の具体的な指定をすればいい。

適用除外の条項もあり、国家安全保障上の機密、プライバシー侵害に当たる情報など9項目については不開示が認められている。

そうした点は日本の情報公開法とほぼ同じである。

大きく違うのは、各省庁サイトのフォームやメールによるオンライン請求が簡単にできる点だ。各省庁の情報公開窓口は連邦政府の情報公開サイト「FOIA.gov」[25]に集約されている。報道や研究、教育目的の開示請求には手数料が免除される点も日本とは違う。

また、ＦＯＩＡが自発的な公文書開示を各省庁に義務付けている点も大きな違いである。具体的には「連邦政府公報」(Federal Register)への掲載と、各省庁サイトの「閲覧室」(Reading Room)での公開だ。閲覧室には頻繁に開示請求される資料もアップされている。このようなオープンソースの検索で必要な情報が見つかれば、開示請求はしなくても済む。

ＦＯＩＡは開示請求があってから20日以内に開示・不開示決定をするよう政府機関に義

務付けているが、ほとんど守られていない。開示請求は、単純請求(simple request)と、量が多かったり探索が必要だったりする複合請求(complex request)に分けて処理される。前述の米司法省の報告書によると２０２２年は単純請求でも平均40・8日かかっている。複合請求は21～40日が5割弱で最も多いが、中には1年以上かかっているケースもある。

多くの場合、開示もメールで行われる。ファイルサイズが小さい場合は添付で、大きい場合はダウンロード用のリンクとパスワードが送られてくる。

全面開示されることは少なく、多くは不開示部分が黒塗りや白抜きされた部分開示となる。司法省の報告書によれば、２０２１年は全面開示が30・5%、部分開示が61・9%、不開示が７・６%だった。

不服申し立ての手続きもある。開示請求をした相手の省庁に不服を申し立てると再検討が行われる。開示内容だけでなく、手続きの遅延に対しても申し立てることができる。そ

---

24 OIP Summaries of Agency Annual FOIA Reports
https://www.justice.gov/oip/reports-1#s1

25 FOIA.gov
https://www.foia.gov/

れでも省庁の対応に不服がある場合は、情報公開制度の監督機関である政府情報サービス室（The Office of Government Information Services, OGIS）に仲介を依頼することもできる。ＯＧＩＳは米国立公文書館の一部門だ。

あらゆる手を尽くしても納得できなかった場合には訴訟という選択肢が残されている。

## 沖縄を蔑視する海兵隊新任研修

ミッチェルさんは沖縄の米軍による環境汚染問題を中心に、さまざまなテーマでＦＯＩＡを使った調査報道を手掛けてきた。本書では、その中から三つのケースを紹介したい。

一つは、海兵隊員が新任研修で沖縄県民を蔑視するかのような講習を受けていることを明らかにした報道である。初報は２０１６年5月25日にジャパンタイムズに掲載された。その後、日本語メディアもミッチェルさんへの取材に基づいて相次いで報じ、問題化した。

きっかけはバーで出会った海兵隊員の話だった。ミッチェルさんは沖縄に行くと基地近くのバーに出掛けて米兵たちと雑談するようにしていた。多くは礼儀正しい若者なのに、沖縄について誤った認識を持っていることが気になった。曰く「基地がなければ沖縄の経済は成り立たない」「米兵の犯罪件数は地元住民の犯罪件数より少ない」「米軍に反対しているのは金銭をもらってデモをする活動家である」――。

どこでその話を聞いたのかと尋ねると、沖縄に着任する時に受ける講習で習ったという。

するとある晩、若い海兵隊員から「新任研修の講習に興味があるのか」と声を掛けられた。その隊員はスマートフォンでミッチェルさんに講習のスライドを見せながら「沖縄の人をばかにしている感じがして不快だった」と話した。

スライドを記事にさせてほしいと頼むと「面倒に巻き込まれたくない」と断られた。しかし、隊員はこうも言った。「講習のタイトルを教える。ＦＯＩＡで請求すればいい」

ミッチェルさんは教えてもらったタイトルで在沖海兵隊に開示請求をした。するとすぐにCD-ROMが届いた。「沖縄文化啓発訓練」（Okinawa Culture and Awareness Training）というプログラムで使うパワーポイントのスライドと、講師が読み上げるための原稿がセットになったファイルが格納されていた。[26]

そこには、沖縄県の世論は自己中心的である、米軍基地に対する不満は「論理的というより感情的」で金銭的に動機づけられている——といった解説がいくつも含まれていた。「米国が

---

26 ミッチェルさんが開示を受けたスライド「Okinawa Culture Awareness Training」
https://drive.google.com/drive/folders/1DIEkRJAmWTeyi9gqwAbgy70DFPJlsq6R

26

沖縄に初めて病院、銀行、法律、政治システムを確立した」という、事実と異なる自画自賛もあった。

ミッチェルさんが最もひどいと思った表現は飲酒に伴う事件と事故について注意喚起する原稿の一部だった。隊員らの歓楽街での行動について次のように書かれていた。

「突然『ガイジン・パワー』(カリスマ人間効果)を帯びて図に乗り、一般には受け入れられないような行き過ぎた振る舞いをしがちだ」

たとえ性犯罪であっても「ガイジン」の魅力に女性が引き寄せられるのが原因かのような書きぶりだった。しかも暴力であるはずなのに「行き過ぎた振る舞い」と軽く見ている。

報道後、海兵隊は問題の部分を研修内容から削除した。ミッチェルさんは言う。

「多くの米軍人は善良で沖縄を助けたいと

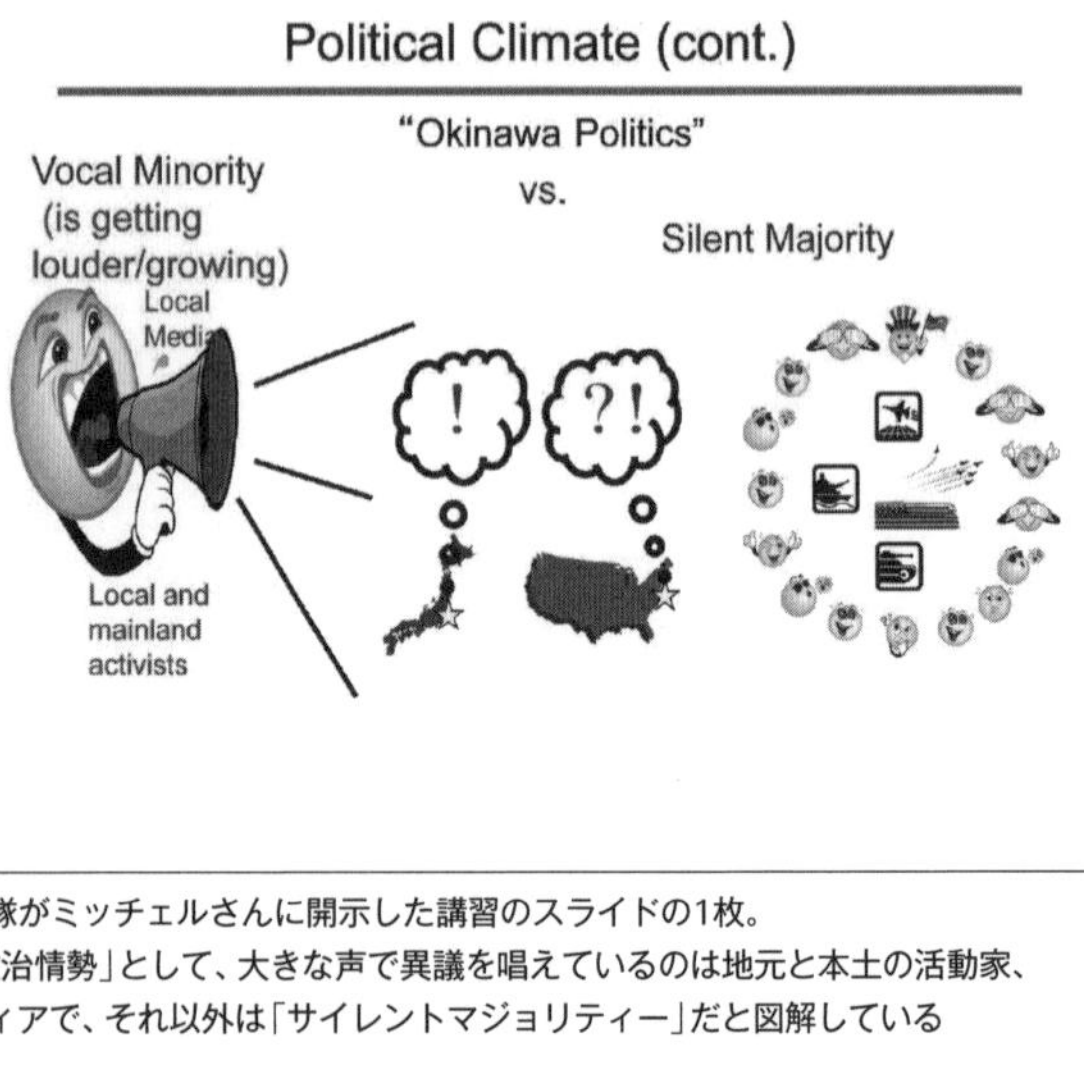


在沖海兵隊がミッチェルさんに開示した講習のスライドの1枚。
「沖縄の政治情勢」として、大きな声で異議を唱えているのは地元と本土の活動家、地元メディアで、それ以外は「サイレントマジョリティー」だと図解している

思っています。内部資料をメディアにリークしたいと思っている人もいる。でも軍からの報復を恐れている。そういうとき、ＦＯＩＡを使えば内部告発者を危険にさらすことなく情報を手に入れることができるのです」

## ＣＩＡから予想外の資料が開示される

２番目のケースはＣＩＡ（米中央情報局）である。

巨大な諜報機関も連邦政府の行政組織の一つである以上、ＦＯＩＡが適用される。とはいってもハードルは高い。その活動や予算、施設に関する情報は非公開だ。ＦＯＩＡが規定する9項目の適用除外事項に加え、国家安全保障法や中央情報局法など別の法律でも情報公開が免除されているためだ。

前述の司法省統計によれば、ＣＩＡが２０２２年度に処理した開示請求は２０９５件。他の省庁に比べて圧倒的に少ない。例えば同年度、国防総省は5万２２２２件を処理している。そもそも開示請求を試みる人が少ないということである。そして、２０９５件のうち何らかの開示がなされたのは３９４件で全体の18%にとどまる。

それでもミッチェルさんは何かが得られるだろうと折に触れてＣＩＡに対する開示請求をしてきた。そして大きな成果が得られたのが２０１７年に行った請求だった。

その年の6月、大田昌秀・元沖縄県知事が死去した。存命の人物に対する開示請求はプライバシー保護の条項が適用されて却下されるが、死者には適用されない。革新系知事として米軍に批判的だった大田氏にはＣＩＡが注目していたのではないか。そう考えたミッチェルさんは「大田氏に関するすべての記録」を開示請求した。

すると2カ月後、郵便で1冊の冊子が届いた。「A Master Narratives Approach to Understanding Base Politics in Okinawa」（沖縄の基地政治を理解するためのマスターナラティブアプローチ）と題する２０１２年に発行された60ページの内部報告書だった。[27]

「ナラティブ」という言葉は最近日本語としてもよく使われる。人の感情を動かし、行動に駆り立てる物語のことである。「マスターナラティブ」は社会的、文化的に広く共有されているナラティブを意味する学術用語だ。

この報告書はＣＩＡでオープンソース・インテリジェンス（OSINT）を担っていた「オープンソース・センター」（現オープンソース・エンタープライズ）が作成したもので、メディアや公的機関による公開情報をベースに沖縄の世論を分析していた。その対象は地元紙の社説からＮＨＫの連続テレビ小説「ちゅらさん」、ミュージシャンのＢＥＧＩＮやモンゴル８００、地元の特撮ヒーロー「琉神マブヤー」などにまで及んでいた。

大田氏に関する記述は一部しかなく、ミッチェルさんは戸惑ったが、読み進めるうちにその重要性に気付いた。それは、沖縄県民に米軍に対する好意的な感情を持たせるための世論操作マニュアルとでもいうべきものだったからだ。

報告書は沖縄の「ナラティブ」を五つに集約していた。被害者意識、被差別意識、平和の民、美しい島、アジアの十字路——である。この五つをそれぞれ解説し、政策立案にどう反映させるかを提言していた。

例えば、「平和の民」については、在沖米軍による地域の人道支援や災害救援を強調することがナラティブに一致すると結論付けている。「アジアの十字路」については「基地が地域の安定維持に寄与しており、そのために経済や文化の交流が促進されている」と指摘すれば、ナラティブに矛盾しないメッセージになるだろうと提言している。

ミッチェルさんは２０１８年５月27、28日、沖縄タイムスにこの報告書の存在と内容を明らかにする記事を発表した。

この報告書には最後に引用・参考文献のリストが添付されており、中にはＣＩＡが作成した別の報告書もあった。そこでミッチェルさんはその中から四つの報告書を追加で開示

---

27 A Master Narratives Approach to Understanding Base Politics in Okinawa
https://www.cia.gov/readingroom/docs/a%20master%20narratives%20appro%5B15163895%5D.pdf

27

[128] [Internet Site | | 時をこえ（LIVE）/ HY 公式 ["Over the times" (live) / HY Official] | | 13 August 2010 | | http://www.youtube.com/watch?v=t5A0mkfBj_A | Accessed on 6 April 2011 | ]

[129] [Internet Site | | 時をこえ（LIVE）/ HY 公式 ["Over the times" (live) / HY Official] | | 13 August 2010 | | http://www.youtube.com/watch?v=t5A0mkfBj_A | Accessed on 6 April 2011 | ]

[130] [Internet Site | | ＭＯＮＧＯＬ８００のオフィシャル・ホーム・ページ [MONGOL 800 Official Home Page] | | n/a | | http://www.mongol800.jp/ | Accessed on 6 April 2011 | ]

[131] [Internet Site | | MONGOL800 / 琉球愛歌 [Mongol 800: Ryukyu Love Song] | | 27 March 2009 | | http://www.youtube.com/watch?v=o0FXdy6SR2o | Accessed on 7 April 2011 | ]

[132] [Internet Site | | 琉球新報 [Ryukyu Shimpo] | 普天間「県外」４６％ 平和教育に関するアンケート [46% Says "Outside of Prefecture" on Futenma on Survey of Peace Education-related Survey] | 19 June 2010 | | http://ryukyushimpo.jp/news/storyid-163788-storytopic-7.html | Accessed on 21 November 2011 | The 2010 survey received responses from 34 schools and 2,100 high school students and found that 92.3% said that learning about the Battle of Okinawa was "very important" or "important."]

[133] [Internet Site | 内閣府大臣官房政府広報室 [Public Relations Office of the Japanese Cabinet] | 外交に関する世論調査 [Opinion Survey Related to Foreign Diplomacy, 2011] | | 5 December 2011 | | http://www8.cao.go.jp/survey/h23/h23-gaiko/2-1.html | Accessed on 12 December 2011 | Those who said they "do not have friendly feelings" fell from 18.4% in 2010 to 15.5% in 2011.]

[134] [Internet Site | 内閣府大臣官房政府広報室 [Public Relations Office of the Japanese Cabinet] | 外交に関する世論調査 [Opinion Survey Related to Foreign Diplomacy, 2010] | | 5 December 2011 | | http://www8.cao.go.jp/survey/h22/h22-gaiko/2-1.html | Accessed on 12 December 2011 | ]

[135] [OSC | | OSC ID: JPP20110318004001 | 18 March 2011 | | Japan: Media Report on US Assistance for Nuclear Accident 'Operation Tomodachi' | | (U//FOUO) | (U//FOUO) | ]

[136] [OSC | | OSC ID: JPP20111011027001 | 11 October 2011 | | Japan: State MATT JMA -- Afternoon Edition 11 Oct 11 | | (U//FOUO) | (U//FOUO) | ]

[137] [Internet Site | | 防衛省 [Ministry of Defense] | | n/a | | http://www.mod.go.jp/ | Accessed on 5 December 2011 | ]

[138] [Internet Site | | 海上自衛隊「立派な父」篇 [Maritime Self Defense Force's "Good Father" Version] | | 2011 | | http://www.mod.go.jp/gsdf/jieikanbosyu/streaming/qa/cm/explain/movie_web_m01.html?keepThis=true&TB_iframe=true&width=680&height=490 | Accessed on 15 December 2011 | ]

[139] [Internet Site | | 陸上自衛隊「笑える日」篇 [Ground Self Defense Force's "Smiling Day" Version] | | 2011 | | http://www.mod.go.jp/gsdf/jieikanbosyu/streaming/qa/cm/explain/movie_cm_g02.html?keepThis=true&TB_iframe=true&width=680&height=490 | Accessed on 15 December 2011 | ]

[140] [Internet Site | Mainichi Shimbun | １９７６（昭和５１）年１月１８日　沖縄海洋博が閉幕 [18 January 1976: Okinawa International Ocean Expo Closes] | | 18 January 1976 | | http://mainichi.jp/select/wadai/newsbox/box/etc/2010/01/20100113org00m040039000c.html | Accessed on 25 October 2011 | ]

[141] [Internet Site | | ~ pink tentacle | Posters by Kazumasa Nagai | n/a | | http://pinktentacle.com/2010/11/posters-by-kazumasa-nagai/ | Accessed on 25 October 2011 | ]

[142] [Book | 多田治 [TADA Osamu] | 東洋経済新報社 [Toyo Keizai Inc.] | 沖縄イメージの誕生　青い海のカルチュラル・スタディーズ [The Birth of Okinawa's Image: Cultural Studies of the Blue Waters] | 6 October 2004 | p.58 | | | ]

[143] [Online Publication | 公益社団法人 地盤工学会 [The Japanese Geotechnical Society] | 土と基礎 [Ground and Foundation, Vol. 21, No, 4] | 沖縄國際海洋博覧会 EXPO 75 ["Okinawa International Ocean Expo – Expo 75"] | 1



Approved for Release: 2017/02/15 C06639870

CIAがミッチェルさんに開示した報告書「A Master Narratives Approach to Understanding Base Politics in Okinawa」末尾の参考文献リストの一部

請求してみたところ、１件だけ開示された。

それは沖縄の海兵隊基地キャンプ・シュワブでの枯れ葉剤使用を伝えた琉球朝日放送の報道（２０１１年11月９日放送）の内容をまとめた文書[28]だった。番組はミッチェルさんの調査も引用しており、文書の中にミッチェルさんの顔と名前が映った画面のスクリーンショットが挿入されていた。

「目をつけているぞ、という忠告だったのかもしれませんね。でも、私は前向きに受け止めました。私の仕事が権力の中枢に影響を与えている証しだと」

これらの報告書はその後、ＣＩＡの「閲覧室」[29]にアップされており、開示請求なしで入手することができる。

ＣＩＡに対する一連の開示請求には二つの重要な学びがあったとミッチェルさんは言う。

「まず、どんなに望みが薄くても開示請求をし続けることです。すると時々幸運に恵まれ

---

28 Japan: Okinawa TV Serial Report Views Alleged Use of Agent Orange on US Bases
https://www.cia.gov/readingroom/docs/japan%20%20okinawa%20tv%20serial%20%5B1552542 8%5D.pdf

29 CIA Freedom of Information Act Electronic Reading Room
https://www.cia.gov/readingroom/home

て、予想もしなかった文書を手に入れることができます。もう一つは、開示された文書に記されている文書をさらに開示請求することで、日本語でいうところの『芋づる式』に関連文書を手に入れることができるということです」

## 「三角測量法」で事実を確定する

３番目のケースは在日米軍による環境汚染だ。ミッチェルさんの中心的な仕事である。10年間かけて取り組んできた中で習得したのが「三角測量法」だという。

例えば２０１１年の東日本大震災で米軍が展開した「トモダチ作戦」で発生した放射性汚染水の問題である。

当時、東京電力福島第一原発付近で救援活動に使われた車両や装備の除染のため、大量の汚染水が発生した。米軍は低レベル放射性廃棄物として保管していたが、そのうち12万リットル以上を空軍三沢基地と海軍厚木基地で下水道に流していた。米軍は「日本政府の基準で安全と認められていた」と取材には答えたが、実際の放射線量は明らかにしなかった。

ミッチェルさんはこの事実を２０１８年7月30日に沖縄タイムスで報じた。

これはＦＯＩＡで入手した記録に加え、米陸軍の研修サイト「Center for Army Lessons Learned」[30]で公開されていたトモダチ作戦の報告書、そして米軍への取材に基づいている。

米軍はメールでしか取材に応じなかったが、事実関係を認めたのには驚いたという。

「ＦＯＩＡ、オープンソース、そして当事者への取材という三つの手法を組み合わせる『三角測量法』によって記事にできました。多くの場合、ＦＯＩＡで得た情報だけでは不十分です。オープンソース、内部告発者や現場の人たちのインタビューを組み合わせることで事実を明らかにできるのです」

また、ＦＯＩＡを使うときは最初から不服申し立てもセットで考えておいた方がいいという。環境汚染を追う過程でミッチェルさんが編み出したのは次のような手順だ。まず主要な基地を対象に、期間を限定して環境調査や事故の概要をまとめた報告書をすべて請求する。そして、開示された報告書を読み込んで重大な事故を選別し、それらについて個別の記録文書やメール、写真などをさらに請求するのである。

非常に手間と時間のかかる作業だが、途中で気付いたのは、20日間の処理期限が守られなかったときに不服申し立てをすると開示が促進されたことだった。開示資料に欠落が

30 Center for Army Lessons Learned
https://www.army.mil/call

30

あったときも、不服申し立てによって多くの追加開示を得ることができた。

「ＦＯＩＡは2段階のプロセスだと考えれば、フラストレーションは軽減されます。第一段階が開示請求、第二段階が不服申し立てということです」

もう一つ得られた教訓は、情報公開担当官に礼儀正しく尊敬を持って接するということだった。

ミッチェルさんが環境関連の記録を継続的に請求するようになったために人手が足りなくなり、新たにＦＯＩＡ担当の職員を採用した在日米軍基地もあった。新任職員は十分な研修を受けておらず、本来は黒塗りにしなければならないプライバシー情報を開示してきたこともあったという。ミッチェルさんはその文書を送り返し、黒塗りにすべき部分を教えた。政府内のファイル共有システムの使い方について助言したこともあった。

「彼らは非正規のパートタイム職員で難しい立場に置かれていました。もし私がその文書を受け取ったままだったら、彼らは職を失うか懲戒処分されていたでしょう。だから、できるだけ助けようと考えました」

文書を入手した後は必ず感謝の言葉と、日米同盟の透明性を高める一助になっていることを伝えるようにした。ミッチェルさんが黒塗りについてアドバイスをした担当官はその後、ミッチェルさんの請求を迅速に処理してくれるようになったという。２０２３年３月にハーバード大学に招かれて渡米した際には、彼らの何人かと直接会って謝意を伝えた。

## 自分についてFOIAする

ミッチェルさんは「自分についてＦＯＩＡする」ことも勧める。自らの取材や報道が当局にどう受け止められているのかを知ることができるからだ。

ミッチェルさんは２０１６年の夏、自宅から米空軍ウェブサイトへのアクセスができなくなっていることに気付いた。その年の4月にはジャパンタイムズで空軍嘉手納基地の環境汚染を明らかにするスクープを出していた。開示請求を疎ましく思った空軍がミッチェルさんの自宅ＩＰアドレスからのアクセスをブロックしたのではないかと疑った。

そこで、「国境なき記者団」が提供してくれたＶＰＮ機器でブロックを回避し、嘉手納基地に「『ジョン・ミッチェル』という言葉を含むすべての電子メール」と、ブロックを誰が命じたのかについての情報を開示請求した。

すると、処理を引き延ばされたものの、最終的には37ページのメールが開示された。大部分が黒塗りでブロックの経緯は分からなかったが、空軍がミッチェルさんを快く思っていなかったことは分かった。メールには「報道のトーンが敵対的」「協力関係を築く見込みがない」などと書かれていたからだ。その後、ブロックは解除された。

米兵の犯罪について調べていた時、海兵隊の犯罪捜査部門から開示された資料の中にミッチェルさんの講演の詳細やプロフィル、写真などがまとめて記録された文書を見つけたこともある。ＦＯＩＡは個人情報を開示対象外と規定しているが、請求者本人については別だ。本人であることを証明する書類を添付して請求すれば開示の対象となる。日本の場合は、個人情報保護法に基づく保有個人情報の開示請求手続きがこれに当たる。

ミッチェルさんは言う。

「自分の開示請求の処理記録について開示請求するのも有効です。何か矛盾が見つかれば不服申し立ての根拠にできるし、『見ているぞ』と知らせることで当局に手抜きをさせないことにもつながります」

## 英語ではなく姿勢の問題

取材のツールとは別の観点から、ＦＯＩＡを使う利点としてミッチェルさんが強調するのは、ジャーナリスト自身の透明性の確保にもつながるという点だ。

「ＦＯＩＡで得た資料は誰とでも共有できます。報道の基になった情報を公開すれば、信頼性は高まるのではないでしょうか。メディアへの信頼がかつてないほど低くなっている今こそ、必要なことだと思います」

そうした考えから、ミッチェルさんはＦＯＩＡで入手した開示文書の大部分を沖縄国際大学、沖縄県公文書館、米国の大学などに寄贈している。

多くの日本の記者にとって、ＦＯＩＡ利用のハードルになるのは英語だろう。だが、ミッチェルさんは、請求書に書く英語は機械翻訳で十分だと言う。

「重要なのは英語のレベルではありません。あきらめずに米政府に情報を開示させるという決意の問題です。多くの日本の税金が在日米軍にも使われています。米国の公文書は私たちの文書でもあるということを心に留めておく必要があります。日本のジャーナリストはもっとＦＯＩＡを使うべきです」

ＦＯＩＡを日本でも多くの人に使ってもらいたいという思いから、ミッチェルさんは自らのサイト[31]で開示請求書や不服申立書などのテンプレートを公開している。[32]本書で紹介した開示文書も同じページから見ることができる。

ミッチェルさんが活用しているのは米国のＦＯＩＡだけではない。

英海兵隊の将校２人が沖縄の米軍基地で米海兵隊の訓練に参加していたことを２０１６

---

31 ミッチェルさんのウェブサイト「Jon Mitchell」
https://www.jonmitchellinjapan.com/

32 ミッチェルさんが公開している請求関連レターのテンプレート
https://www.jonmitchellinjapan.com/how-to-foia.html

31

32

年7月18日の沖縄タイムスで報じた。英軍は朝鮮戦争の国連軍としての活動なら日本国内の指定された米軍基地を使うことができる。しかし、この訓練は指定外のキャンプ・シュワブとキャンプ・ハンセンで行われ、国連軍としての活動でもなかった。日米安保条約に反する疑いがあった。

この記事は、英国防省に対する情報公開請求に基づいたものだった。

日本と関係の深い外国はほかにもある。取材のツールとして、そうした国々の情報公開制度にも目を向けてみる価値はありそうだ。

ミッチェルさんは２０２３年1月には日本で米国のＦＯＩＡを使うためのガイドブック『「情報自由法」で社会を変える！』[33]を出版した。本書で取り上げた事例について、より詳しい解説を読むことができる。何より、読み物として面白い。当局が出し渋る情報を粘り強い請求で手に入れる過程がスリリングである。

---

33 ジョン・ミッチェル、阿部小涼訳『「情報自由法」で社会を変える！——情報開示最強ツールの実践ガイド』岩波ブックレット、２０２３
https://www.iwanami.co.jp/book/b618308.html

33

# PART 2

# 基礎知識と応用の可能性

# 01

# 一から分かる情報公開制度

## 開示請求は国民主権の理念に基づく権利

情報公開制度とは、官庁や独立行政法人などの公的機関が持っている情報に誰もがアクセスできることを法的に保障する制度である。プレスリリースやデータの公表、ソーシャルメディアを使った広報など、公的機関が自主的に情報を発信することも広義の情報公開といえるが、「情報公開制度」は個人の請求に応じて公的機関の側が文書や記録を開示する仕組みのことを指すのが一般的だ。

行政法学者の宇賀克也氏（現最高裁判事）は次のように定義している。

「情報公開制度を確立するとは、国民や住民に対して、個人的利害関係の有無を問わずに開示請求権を付与すること」[34]

情報開示を求めることは権利であり、その行使は誰もができるということである。逆に公的機関側には情報を開示する義務が課せられることになる。

これは当たり前のようでいて、実は重要なポイントだ。かつて情報は公的機関側の都合や意図、あるいは情報を求める人との利害関係によって公開されたりされなかったりした。情報は当局のものであり、決定権は当局側にあったということだ。しかし、情報公開制度はその関係を変えた。情報は国民・市民に共有されるべきものであり、公開が原則で非公開は例外というルールが打ち立てられたのである。

一般的に「情報公開法」と呼ばれる「行政機関の保有する情報の公開に関する法律」第1条にはこう書かれている[35]。

「この法律は、国民主権の理念にのっとり、行政文書の開示を請求する権利につき定めること等により、行政機関の保有する情報の一層の公開を図り、もって政府の有するその諸活動を国民に説明する責務が全うされるようにするとともに、国民の的確な理解と批判の下にある公正で民主的な行政の推進に資することを目的とする」

---

34 宇賀克也『新・情報公開法の逐条解説——行政機関情報公開法・独立行政法人等情報公開法 第8版』有斐閣、2018

35 行政機関の保有する情報の公開に関する法律 https://elaws.e-gov.go.jp/document?lawid=411AC0000000042

35

国や自治体の政策を最終的に決める権限は国民にあるというのが、日本国憲法の定める国民主権の理念である。主権者である国民・市民が正しい判断をするためには、正確な情報を知る必要がある。そのための制度の一つが情報公開制度なのである。

## 源流は市民運動と自治体

情報公開制度の概要と歴史について改めて整理しておきたい。

日本の情報公開制度は、世界的に見れば比較的長い歴史がある。

情報公開の法制化を求める機運が高まり始めたのは１９７０年代だ。サリドマイドなどの薬害、深刻化する公害、そしてロッキード事件などで露呈した金権政治への危機感が背景にあった。

１９７９年には弁護士や法学者らの団体「自由人権協会」が「情報公開法要綱」を発表。１９８０年には「情報公開法を求める市民運動」が設立され、翌１９８１年に法学者の清水英夫氏と弁護士の秋山幹男氏がそれぞれ起草した「情報公開権利宣言」「情報公開８原則」が公表された。このような民間からの提案はその後、自治体の情報公開条例や国の情報公開法にも影響を及ぼしている。

例えば「８原則」では、①公的機関の保有する情報は原則すべての国民・住民に公開する

②国民・住民は誰でも情報公開を請求する権利を付与され、請求を拒絶された場合は独立の行政委員会か裁判所に訴えて当否の判断を受けられる③非公開情報を定める場合は必要最小限を法律または条令に例外規定として明記し、例外に該当することの立証責任は公的機関が負う——といった、現行の情報公開法や条例の骨格を成す考え方が提案されていた。[36]

そうした潮流を受けて１９８２年に山形県金山町が全国の自治体で初めて、翌１９８３年には神奈川県が都道府県として初めて情報公開条例を制定した。以降、各地の自治体で条例の導入が進んでいった。特に神奈川県は数年にわたる検討を重ねた結果で、その後各地の自治体への情報公開制度導入に先鞭《せんべん》をつけたと評価されている。

その結果、国の情報公開法が成立する前年、１９９８年には全国計５６１の自治体で情報公開条例が制定されていた。[37] 自治体が圧倒的に先行していたのである。現在では全都道府県と、北海道乙部町を除く全市区町村に情報公開条例が制定されている。

国レベルでの議論が本格的に始まったのは、１９９３年に自民党政権が初めて下野し、細川護熙連立内閣が成立した時だ。次の自社さ連立政権も情報公開法の制定には合意して

36　情報公開クリアリングハウス編『市民がつなぐ情報公開のこれまで、これから——情報公開法を求める市民運動の40年 情報公開クリアリングハウスの20年』情報公開クリアリングハウス、２０１９、26－27頁
37　自治省行政局行政課「情報公開条例（要綱等）の制定状況調査の結果について」１９９８

おり、1995年に村山富市内閣で総理府（当時）の行政改革委員会に「行政情報公開部会」が設けられて制度の詳細が検討された。その名が示すように行政改革の一環という位置付けではあったが、同部会は外国の制度や判例を調べ、自治体や各省庁、大手企業、日本新聞協会、情報公開を求める市民運動、全国消費者団体連絡会などさまざまな関係者からヒアリングをし、2年間をかけて「情報公開法要綱案」を答申した。

これに基づき、橋本龍太郎政権下の1998年に法案が国会に提出され、小渕恵三政権下の1999年4月、衆参両院において全会一致で可決され、成立した。前述したように、正式には「行政機関の保有する情報の公開に関する法律」という。そうして日本は韓国（1996年）に次いでアジアで2番目に情報公開法を持つ国となった。

情報公開法は2001年4月に施行され、2002年10月には独立行政法人を対象とした「独立行政法人等の保有する情報の公開に関する法律」も施行された。

## 成り立ちにはジャーナリズムも深く関与

実は情報公開法や条例の成り立ちにはジャーナリズムも深く関わっている。

日本の情報公開法制は米国連邦政府の情報公開を定めた情報自由法（Freedom of Information Act, FOIA）の影響を強く受けている。米国では1966年に情報自由法が成立しており、

「情報公開法を求める市民運動」や先進的な自治体が制度設計をする際に主に参考にしたのが米国の制度であった。

その米国の連邦情報自由法制定のきっかけとなったのは１９５３年に出版された『国民の知る権利』(The People's Right to Know)という本だった。ジャーナリズム法の専門家だったハロルド・クロス弁護士が執筆したこの本は、全米の自治体から連邦政府までを包括的に調査し、公的機関の情報開示の不十分さと制度の不備を指摘していた。これが大きな反響を呼び、１９５５年に連邦議会は情報公開法制の検討を始めたのであった。

クロス弁護士の調査は当時の全米新聞編集者協会の委託によるものだった。背景には、東西冷戦が進む中で政府に秘密主義がまん延し、取材が難しくなっていた状況があった。[38] 情報自由法の成立は、公的情報へのアクセス権の拡大を求めていたジャーナリズム界の運動がもたらした成果でもあったのだ。

山形県金山町による日本初の情報公開条例制定にもジャーナリストの影響があった。当時の岸宏一町長(後に参院議員)が大学時代の友人で朝日新聞記者だった田岡俊次氏から欧米の情報公開制度についてアドバイスを受けたことがきっかけであった。[39]

---

38 宇賀克也『新・情報公開法の逐条解説——行政機関情報公開法・独立行政法人等情報公開法　第8版』有斐閣、２０１８、4頁ほか

## 懐疑的だった日本の報道界

とはいえ、日本の報道界が情報公開制度を取材のツールとして活用するようになるまでには一定の時間がかかった。

日本新聞協会の月刊誌『新聞研究』は１９７８年11月号で「情報の公開と新聞」という特集を組んでいる。その中で共同通信外信部の斎田一路氏（後に社長）は米国の情報自由法を紹介しつつ、こう書いている。

「法律的手続きをとりさえすれば、目指す情報が入手できるという状況が生まれたら、どうなるか――。国民の知る権利を拡大する好ましい現象だ、という〝きれいごと〟ではすまない。新聞記者の価値がなくなるという〝拒否反応〟が生まれる[40]」

そのような空気は情報公開法ができる直前になっても残っていた。

『新聞研究』１９９６年８月号では、当時、日本新聞協会の「情報公開法に関する小委員会」委員長を務めていた長崎和夫毎日新聞論説副委員長が、斎田氏の指摘を引用して「皮肉でもなんでもなく、けだし、けい眼の士と言わざるを得ないだろう」と同意している。そして、こう続けている。

「情報公開法の制定が指呼の間に迫っているというのに、マスコミの側の取り組みにどこか冷めた感が否めない[41]」

当時、国の官僚を地方自治体の職員が公費で接待する「官官接待」が問題化していた。それは、各地の市民オンブズマンが自治体の情報公開条例を活用して明らかにしたものであった。にもかかわらず、報道機関に自ら情報公開制度を利用して調査をしようという機運は高まらなかった。

取材先との間に人間関係を築き、普通の人が知ることのない特別な情報を手に入れる——というのが「できる記者」である。そういう感覚は業界に根強かった。誰もが手に入れられるような情報に報道する価値はあるのか。情報公開制度ができても、権力側は本当に知られたくない情報は隠してしまうのではないか。そんな疑問もあっただろう。

しかし、情報公開制度を使った取材は通常の取材にとって代わるものではない。むしろ伝統的な取材手法と組み合わせることで、より多角的で深い報道を可能にする。

---

39 「山形県金山町／景観にとけ込んだ暮らしづくり〜杉から波及する１００年計画の実践〜」全国町村会ウェブサイト、２００６
https://www.zck.or.jp/site/forum/1035.html

40 斎田一路「記者心理に変革を迫る」日本新聞協会『新聞研究』１９７８年11月号

41 長崎和夫「マスコミこそ先頭により良き情報公開法を」日本新聞協会『新聞研究』１９９６年8月号

39

英スコットランドを拠点に活動するベテラン調査報道ジャーナリスト、ロブ・エドワーズ氏が２０１７年に筆者のインタビューに応じて語った言葉が的確にその価値を表していると思うので、改めて紹介したい。

「情報公開請求はあくまでも調査報道の手段の一つです。それですべてが分かるわけではない。でも、当事者や専門家から話を聞く普通の取材をする中で、どうしても分からない部分が出てきたら、そこを情報公開請求してみるのは大いに価値のあることです。場合によっては、情報源が『こういう資料があるから情報公開請求するといい』と教えてくれることもある。情報自由法は私たちにとって、貴重なツールなのです」

「情報自由法は公的機関とジャーナリズムの力のバランスを変えました。ジャーナリスト側に少し有利になったのです。官僚や政治家と話す時、こちらに生の資料があるのとないのとでは、おのずと議論の性質が変わってきます[42]」

## 世界人口の9割は情報公開制度の下にある

世界に目を転じると、情報公開制度を持つ国は増え続けている。非営利団体アクセス・インフォ欧州（Access Info Europe）と法と民主主義センター（The Centre for Law and Democracy）が毎年行っている調査によれば、現在１３８カ国・地域に情報公開制度がある。[43] １９９２

年には16カ国にしかなかったので、この30年で8倍以上増えたことになる。２０１３年以降の10年間でも41カ国が情報公開制度を新設している。今や世界人口の91％は情報公開制度にカバーされているとの試算もある。[44]

非民主的とみられている国にも情報公開制度はある。例えば、中国の場合には法ではなく行政的な規則に基づく制度がある。汚職防止の観点から、まず地方政府が先行し、２００８年には中央政府を対象とした政府情報公開条例が施行された。ただし「特別な必要性」がなければ請求できないなど、さまざまな制約がある。

また、世界銀行や国際通貨基金などの国際機関が発展途上国に融資をする際、汚職防止を担保する政策の一つとして情報公開法の導入を求めるケースもある。

---

42 日下部聡『武器としての情報公開——権力の「手の内」を見抜く』ちくま新書、２０１８、１０６－１０７頁

43 The RTI Rating
https://www.rti-rating.org/

44 Article19, Infographic: Progress on the right to information around the world
https://www.article19.org/resources/infographic-progress-on-the-right-to-information-around-the-world/

## 基本的人権としての情報公開

とはいえ、情報公開制度の核心はやはり民主主義的な価値観である。

国連のＳＤＧｓ（持続可能な開発目標）は情報公開を目標の一つに掲げている。17の目標のうち16番目の「持続可能な開発のための平和で包摂的な社会を促進し、すべての人々に司法へのアクセスを提供し、あらゆるレベルにおいて効果的で説明責任のある包摂的な制度を構築する」の中に「国内法規及び国際協定に従い、情報への公共アクセスを確保し、基本的自由を保障する」という項目が掲げられている。[45]

国際的には情報公開制度は「ＦＯＩ」という呼び方が定着している。Freedom of Information（情報の自由）の略である。情報公開法を情報自由法と名付けている国も少なくない。「ＲＴＩ」（Right to Information、情報への権利）と表記されることもある。

世界最古の情報公開法である出版自由法（Freedom of the Press Act）は１７６６年、スウェーデンで創設された。２番目は１９６６年に情報自由法が成立した米国である。その後、１９８０年代になって世界各国に波及するようになる。日本で自治体に情報公開条例が相次いで導入されるようになったのもこの頃だ。そして２００１年に情報公開法が施行された。英国はその4年後、２００５年に情報自由法が施行されている。

情報の自由とは、すべての人に平等に情報へのアクセス権が保障されていることであり、

１９４６年の国連決議は次のように表現している。[46]

「情報の自由は基本的人権であり、すべての自由の試金石である。情報の自由は、何の束縛もなく情報を集め、伝え、報道することを含む」

## 情報公開制度のある公的機関

日本の情報公開制度の基本的な仕組みは次の通りだ。

国の情報公開法が対象としているのは政府機関と独立行政法人だ。三権分立の三権のうち行政のみが対象で、司法（裁判所）と立法（国会）は対象外ということである。

その代わり、裁判所と国会には、内規に基づいた情報公開制度が設けられている。行政と手続きはほぼ同じで、情報が公開されなかったときに第三者機関の審査会が異議申し立

45 外務省ウェブサイト「SDGグローバル指標16：平和と公正をすべての人に」
https://www.mofa.go.jp/mofaj/gaiko/oda/sdgs/statistics/goal16.html

46 Calling of an international conference on freedom of information, 59(1), Resolutions adopted by the General Assembly during its first session at 1946

45

てを審査する仕組みもある。ただし、法に基づいた制度ではないので、不開示決定に不服があっても開示を求める訴訟を起こすことはできない。また、裁判所、国会とも情報公開の対象は事務局の資料に限られ、裁判資料や議員による法案立案、国会審議に関する資料は対象外となっている。

法律に基づかない制度は、実はＮＨＫと各高速道路会社にもある。

特殊法人であるＮＨＫは、独立行政法人情報公開法の施行を契機に内規に基づく情報公開制度を設けた。高速道路会社は、日本道路公団から民営化された際の関連法に、独立行政法人に準じた情報公開をするよう国会で附帯決議が付けられたことから制度ができた。

自治体については、前述したように全都道府県と、１町を除く全市町村に情報公開条例が制定されている。また、ごみ収集や消防などの事業で複数の自治体が共同で設立する一部事務組合と広域連合は２０１７年の段階で62・５％が情報公開条例を制定している。[47]

さらに、議会が独自の情報公開条例を持つ自治体も増えている。その点でも自治体の方が国よりも進んでいるといえよう。

## 情報公開制度の対象になる情報

次に、開示される情報とは何かについて触れておきたい。

情報公開法は開示の対象を「行政文書」（独立行政法人は「法人文書」）と定めている。ただし、書類だけとは限らない。同法第2条は行政文書を次のように定義している。

「行政機関の職員が職務上作成し、又は取得した文書、図画及び電磁的記録であって、当該行政機関の職員が組織的に用いるものとして、当該行政機関が保有しているもの」

ポイントは二つある。

一つは「職員が組織的に用いるもの」という点だ。つまり、職員個人のためのメモや下書きなどは行政文書と見なされない。ここは、情報公開や公文書をめぐる問題でしばしば争点になる。実質的には組織的に用いていたのに、官庁側が職員の「私的メモ」などと主張して開示を回避しようとすることがあるためだ。

もう一つは、映像や音声、電子メール、データファイルなども開示対象になり得る点だ。メールは必ず2人以上の職員の間でやりとりされるので、組織共用文書としての要件を満たしているはずだが、国や自治体で扱いがばらばらだった。ただ、大阪市長と職員の1

47 総務省「情報公開条例等の制定・運用状況に関する調査結果」2018
https://www.soumu.go.jp/main_content/000542282.pdf

47

対１のメールでも組織共用文書になり得ると判断した２０１７年の大阪高裁判決や、同じ年に改定された政府の公文書管理ガイドライン[48]で基本的にはメールも行政文書として保存するよう定められたことなどを受けて、メールは行政文書という流れになりつつある。

開示請求できる情報の内容に制限はない。例えば特定秘密であっても、開示されるかどうかは別として、請求は可能だ。情報公開法や条例は前述したように、公開が原則で非公開は例外というルールだからだ。そのため、条文は官庁側の開示義務を規定した後に、例外として不開示情報を列挙するという書き方になっている。

国の行政機関情報公開法が定める主な不開示情報は次の通りだ。

・個人情報
・法人の競争上の地位や正当な利益を害するおそれがある情報
・民間から公にしないとの条件で任意に提供された情報
・公にすると国の安全や公共の安全に不利益や支障を及ぼすおそれがあると認められる相当の理由がある情報
・審議や協議に関する情報で、公にすると率直な意見の交換や意思決定の中立性が不当に損なわれるおそれのある情報
・審議や協議に関する情報で、公にすると不当に国民の間に混乱を生じさせるおそれのある情報

自治体も同様の不開示情報を定めている。

「おそれがある」など、条文の解釈に公的機関側の恣意《しい》性が入り込む余地があり、その点が後述する審査請求や訴訟などで争点になる。

一方、別の法律で公開が定められている文書や、販売目的の冊子などは情報公開制度の対象外だ。情報公開法は対象外の主な文書を次のように定めている。

・登記簿
・特許に関する書類・原簿
・刑事訴訟法が規定する訴訟に関する書類や押収物
・官報、白書、新聞、雑誌、書籍など
・特定歴史公文書
・国立博物館、国立科学博物館、国立美術館などで歴史的・文化的資料または学術研究用資料として特別に管理されているもの

---

48 内閣府の公文書管理関係法令・通知等のページ
https://www8.cao.go.jp/chosei/koubun/hourei/hourei.html

48

特定歴史公文書とは、官庁から国立公文書館などに移管された公文書のことである。その保存や公開については公文書管理法が別途規定している。

## 開示請求の手続きはこう進む

情報公開請求は、請求書を提出するところから始まる。国の機関では「行政文書開示請求書」と呼ばれているが、自治体では「公文書開示請求書」「行政文書公開請求書」あるいは単に「開示請求書」など、呼び方はさまざまだ。

国に対しては誰もが請求することができる。国籍などの条件はない。大規模な自治体も多くは同様だ。しかし、中には請求権を住民に限定しているところもある。詳細については、ＰＡＲＴ２－03「専門家が語る『一歩先行く開示請求』」をご参照いただきたい。

都道府県や政令指定都市など大規模な自治体では電子申請が主流である。ウェブサイトの請求書フォームに書き込んで送信するシステムを採用している自治体が多いが、メールによる請求を受け付けているところもある。

開示については、紙に印刷した文書を手渡しや郵送するケースが多いが、鳥取県や大阪市などメールによる開示をしている自治体もある。手数料については、多くは銀行振り込みだが、「ペイジー」などのオンライン納付システムが使える自治体もある。

国はデジタル化という点で圧倒的に遅れている。

２０２３年10月現在、省庁でオンライン請求のシステムがあるのは厚生労働省と国土交通省のみだ。両省は政府のポータルサイト「e-Gov」から開示請求をすることができる。内閣法制局もオンライン請求を受け付けているが、手数料は収入印紙を郵送や持参で納めるという中途半端な仕組みである。

国の場合、請求するときから手数料が必要だ。紙による請求の場合は３００円で、収入印紙を請求書に貼る。オンラインの場合は２００円となる。自治体は複写や閲覧に手数料はかかるが、請求には不要だ。

紙の開示請求書は各省庁のウェブサイトからフォーマットをダウンロードできるようになっている。これに必要事項を書き込んで郵便で送るのが標準的なやり方だ。

請求書には住所、氏名、電話番号、欲しい情報あるいは文書の内容を書く。住所は職場や学校でも構わない。要は通知書類を受け取れる住所であればどこでもよい。電話番号は携帯番号をお勧めしたい。請求内容についての問い合わせがよくあるからだ。

## 文書名の書き方と参考になるサイト

最も重要なのは、請求する文書名の欄だ。国の開示請求書には「請求する行政文書が特定できるよう、文書の名称や求める文書の内容等をできるだけ具体的にご記入ください」と書かれている。とはいえ、文書の名前が分かるケースはそうあるわけではない。請求者の求めに応じて適切な資料やデータを探す義務は官庁の側にある。こちらが文書名を知っている必要は必ずしもなく「〇〇〇についての文書」「〇〇〇が分かるもの」など、自分が欲しい情報を具体的に書き込めばいい。ただし、欲しい文書がはっきりしているときは、それをきちんと書く方がスムーズに進む。

取材の意図を知られたくない場合もあるだろう。ピンポイントで「〇〇についての文書」と書くと、狙いを悟られてしまう可能性がある。その場合は、知りたい情報が含まれていそうな部分を含む文書や記録を、あえて幅広く請求するという方法もある。

つまり、「一本釣り」がいいのか「投網」がいいのか、狙っている「獲物」の種類に応じて柔軟に使い分けるということである。ただ、それはケース・バイ・ケースと言うほかない。本書のケーススタディーに登場するジャーナリストたちの手法を参考にしていただきたい。

官庁が持っている公文書の概要や開示の先例を調べたり、開示請求書や審査請求書を書くときに参考にしたりするのに役立つサイトを三つ紹介したい。

一つは行政文書ファイル管理簿である。

国の公文書は公文書管理法に基づき「行政文書ファイル」に整理されている。ファイルには文書のタイトルや保存期間など基本的な情報が記録されており、政府の行政情報ポータルサイト「e-Gov」で検索することができる。[49]

個別の文書名までは分からないが、各省庁のどのような部署がどのような文書を作成・保存しているのかについてヒントが得られる。そのため、防衛省などで行政文書ファイルにあえて抽象的なタイトルをつけて情報公開請求を回避しようとしていたケースがあったことが、２０１８年に毎日新聞の報道で明らかになっている。

二つ目は、規模の大きな自治体が公表している過去の請求の処理状況である。例えば東京都の場合、「情報公開ポータル」[50]にある「各局における開示状況」というページを開くと、局別にいつ、どのような開示請求を受けてどう対応したかが一覧表にまとめられている。

最後に、総務省情報公開・個人情報保護審査会が運営する「情報公開・個人情報保護関係答申・判決データベース」[51]である。

不開示や一部開示（いわゆる黒塗り）に不服があったとき、審査請求によって争うことがで

---

49 行政文書ファイル管理簿の検索
https://administrative-doc.e-gov.go.jp/servlet/Fsearch

50 東京都情報公開ポータル
https://www.metro.tokyo.lg.jp/tosei/johokokai/portal/index.html

49

50

きる。その仕組みは後述するが、このデータベースには審査請求に対する審査会の答申が全件収録されている。条件を指定した検索ができるので、自分が請求しようとしている情報について思いつくキーワードで何度も検索してみると、過去にあった同じような請求や、具体的な文書名が分かることがしばしばあり、官庁側がどう対応したかも分かる。審査請求書を書くときの参考にもなる。

知りたい情報がすでに公表されている場合もある。開示請求をする前に、どのような情報が公表されているのか調べておくことも重要だ。情報公開制度を使わなくても手に入る情報は意外に多い。そうしたオープンソース、オープンデータがどこにあり、どう活用できるかについては、熊田安伸著『記者のためのオープンデータ活用ハンドブック』（新聞通信調査会、２０２２）が詳しいので、一読をお勧めしたい。

不明な点は請求相手に問い合わせるのが一番の近道ということもある。本書のケーススタディーからも、官庁の情報公開担当者と信頼関係を築くことの重要性が浮かび上がる。大量請求や特定の職員をターゲットにしたクレーマーのような請求など、理不尽な開示請求に悩まされている現場も少なくない。情報公開を担当する公務員を大切にすることは、情報公開制度をよりよいものにしていく一助にもなるだろう。

いずれにしても、まずは請求してみよう。請求書を提出すれば多くの場合、相手の官庁から電話で問い合わせが来る。請求書を受け取ってからの方が、こちらの意図をより具体的に説明することができる。

## 不開示や黒塗りには「審査請求」ができる

請求書が受理されると、国の場合は30日以内に開示・不開示の決定が下される。自治体は14日以内が標準だ。

しかし、文書の量が多い場合や業務が忙しいときなどは決定を延長できる旨が情報公開法や条例に定められており、しばしば延長される。そのときは延長通知が送られてくる。国の場合、延長は30日以内と定められているが、文書が多い場合は特例として「相当の期間」の延長が認められている。この「特例」のために開示まで1年以上かかるようなケースもあり、制度上の課題の一つとなっている。

延長がなければ期限までに開示・不開示の決定に応じた通知書が送られてくる。多くの

51 情報公開・個人情報保護関係　答申・判決データベース
https://koukai-hogo-db.soumu.go.jp/

51

場合「開示決定通知書」「一部開示決定通知書」「不開示決定通知書」のいずれかだが、「存否応答拒否通知書」も時々ある。存否応答拒否とは「あるかないかも答えられない」という意味である。

　開示と一部開示の場合は、通知書と同時に開示方法を尋ねる書類が送られてくるので、それに必要事項を書き込んで送り返す。大別して、①閲覧②紙のコピー③コピーをＰＤＦ化してＣＤやＤＶＤに収めたもの——がある。コピーをもらう場合は、窓口まで取りに行くか、郵送してもらう。郵送の場合は送料の切手の同封が必要だ。大量にある場合など、まず閲覧してから必要な部分だけコピーをもらうことも可能だ。

　前述したように自治体ではオンラインによる開示も広がりつつある。少量の場合は添付ファイルで、大量の場合はダウンロード先のＵＲＬがメールで送られてくることが多い。デジタルデータをオンラインで開示するようになれば、官庁側の作業負担も大幅に減る。手数料のあり方についても見直されるべきだろう。

　求めた情報が不開示だったり、「一部開示」でも実際はほとんど黒塗りの「のり弁」だったりして落胆することも多い。その場合は官庁側の判断の是非について、第三者機関に審査を求める手段が法的に保障されている。

　正確には行政不服審査法に基づく「審査請求」という手続きになる。請求を受けた官庁が第三者機関に諮問する形になっている。そのため、開示請求をした政府機関、自治体、あるいは独立行政法人に対して審査請求書を提出することになる。

ただ、開示請求の手続きに比べ、各公的機関のウェブサイトには審査請求についての説明や手続きの案内はとても少ない。開示請求書のようにフォーマットが用意されているわけでもない。

具体的に何を書けばいいのか。答えは総務省サイトの「行政不服審査法の概要」[52]というページにある。審査請求は情報公開制度に限った手続きではないからだ。「審査請求書等の記載事項」という項目に「処分があったことを知った年月日」「審査請求の趣旨及び理由」など、書くべき事項が列挙されているので、それに従って自分で審査請求書をつくる。「処分」とは、ここでは不開示決定や一部開示決定のことを指す。

注意しなければいけないのは「処分があったことを知った日の翌日から起算して3カ月以内」という期限があることだ。

具体的な書き方については、巻末の参考資料集に掲げた記入例やケーススタディーをご

52 総務省「行政不服審査法の概要」
https://www.soumu.go.jp/main_sosiki/gyoukan/kanri/fufuku/gaiyou02.html#kisai

52

覧いただきたい。なお、審査請求にはお金はかからない。審査請求書は郵送で提出するのが普通だ。

審査請求を受けると、国や独立行政法人は総務省所管の情報公開・個人情報保護審査会に、自治体は各自治体に設けられた同様の審査会に諮問する。審査会は弁護士や研究者など有識者で構成された第三者機関だ。請求者と開示・不開示決定をした官庁（公式文書では「諮問庁」と表記される）の主張をそれぞれ吟味し、官庁の判断が間違っていると判断すれば開示するよう答申する。官庁の判断を追認することもある。

審査請求をしてしばらくすると意見を求める書類が審査会から送られてくるので、補足説明やこちらの主張を補強する証拠書類などを送ることもできる。送らなくてもいい。何回かの審議を経て答申が出ると、答申書が郵送されてくる。答申まで短くても数カ月はかかる。答申に法的拘束力はないが、ほとんどの場合、官庁は従う。

法で定められていない国会や裁判所の情報公開制度にも、審査のための第三者機関は置かれている。

時間はかかるし書類の作成も面倒だが、審査請求は決して無駄ではない。総務省の集計によれば２０２２年度に出された国・独立行政法人への情報公開請求に関する答申８０９件のうち２０９件が、国・独立行政法人の判断を妥当でない、または一部妥当でないと結論付けている。[53]つまり、25・８％は官庁側に情報公開の範囲を広げるよう求める答申だったということである。少ない数ではない。

審査請求は時間がかかるので、取材に活用するのは難しいかもしれない。しかし、答申は裁判の判決のように前例として蓄積されていく。今後の取材活動のために、あるいは社会全体のために、情報公開の範囲を広げていく地道な努力は必要である。これは大事だと思う情報については積極的な審査請求をお勧めしたい。

## 情報公開訴訟という選択肢

究極的な手段は裁判だ。行政手続きである審査請求とは別の枠組みなので、審査請求をせずに裁判を起こすこともできるし、審査請求をしてからでもできる。多くの場合は官庁に対して不開示処分の取り消しを求める行政訴訟の形で争われる。

行政訴訟とは、国や自治体など行政機関が行った処分に不服がある場合に、その取り消

53 総務省「情報公開・個人情報保護審査会」（下部の「活動概況」の項を参照）
https://www.soumu.go.jp/main_sosiki/singi/jyouhou/

53

しや変更などを求める裁判のことだ。行政事件訴訟法に規定されている。

市民団体などによる情報公開訴訟が大きなニュースになることはしばしばある。しかし、記者や報道機関自身が情報公開訴訟で争うケースはまれだ。費用がかかること、新聞社など組織の場合は会社としての意思決定が必要になって面倒なことなどから、二の足を踏むケースが多いとみられる。

欧米ではジャーナリストや報道機関による情報公開訴訟はしばしば起こされてきた。裁判所によって開示が命じられると、新しい事実が明らかになって報道されるだけでなく、その後の社会制度の透明化につながったケースも少なくない。

日本でも記者が訴訟を起こすケースが出始めている。詳細についてはＰＡＲＴ１－06の京都新聞・森敏之記者のケーススタディーをお読みいただきたい。

審査請求と同じように、将来のジャーナリズムのために、社会全体のために、情報公開の範囲を広げていく努力の一つとして、訴訟はもっと活用されていい。

## 課題も多い現行制度

市民にとって、そしてジャーナリストにとって大きな前進だった情報公開制度の導入であったが、現行の制度には課題も多い。

民主党政権下の２０１１年４月に行政情報公開法の改正案[54]が閣議決定され、国会に提出された。審議されることのないまま２０１２年11月の衆院解散に伴って廃案となってしまったが、この改正案には多くの示唆が含まれている。現行法に何が足りないかを示しているとも言えるからだ。主な改正点は次のような内容だった。

・情報公開制度が「国民の知る権利」を保障するものであることを明記
・不開示理由のうち「不当に国民の間に混乱を生じさせるおそれ」を削除し、国や公共の安全に関する情報の不開示理由は「相当の理由」から「十分な理由」に限定
・業務や組織、予算などに関する基礎的な情報を国民の使用しやすい方法で提供することを行政機関に義務付け
・営利目的以外の開示請求は手数料を廃止
・開示決定までの期限を14日間に短縮
・情報公開訴訟への「インカメラ審理」の導入

---

54 行政機関の保有する情報の公開に関する法律等の一部を改正する法律案（２０１１年４月22日第１７７回国会衆院提出）
https://www.shugiin.go.jp/internet/itdb_gian.nsf/html/gian/honbun/houan/g17709060.htm

54

## 法律に「知る権利」が明記されていない

課題の一つは「知る権利」である。

現行法には政府の「説明する責務」は記されているが、国民の知る権利には言及がない。前述したように、情報へのアクセスを国民主権の文脈で捉えるのであれば、知る権利の明記が必要であるとの指摘は法の制定当時からずっとなされてきた。

知る権利は憲法21条が保障する表現の自由に含まれると一般的には解釈されている。日本で唯一、「知る権利」という言葉が条文に入っている法律は2013年に成立した特定秘密保護法である。22条に「この法律の適用に当たっては、これを拡張して解釈して、国民の基本的人権を不当に侵害するようなことがあってはならず、国民の知る権利の保障に資する報道又は取材の自由に十分に配慮しなければならない」と書かれている。

同法案に対する批判を考慮して挿入された条文であるが、知る権利や情報の自由な流通を阻害する危険性が指摘されている特定秘密保護法に知る権利が明記され、情報公開法にはいまだにそれがないのは皮肉とも言える。

一方で自治体には「知る権利」が明記されている条例も少なくない。例えば鳥取県の情報公開条例第1条は次の通りだ。

「この条例は、県政に対する県民の知る権利を尊重して、公文書の開示を求める権利その他情報公開に関し必要な事項を定めることにより、県の諸活動を県民に説明する責務を全うし、もって県民参加による開かれた公正な県政の推進に資することを目的とする」

## 不開示情報の範囲が広過ぎる

不開示情報の定義が漠然としているために官庁側の裁量が入り込む余地が大きいというのも情報公開法の課題である。

外交や治安をめぐる情報はなかなか開示されないが、その理由の一つに「（公開することによって不利益や支障がある）おそれがあると行政機関の長が認めることにつき相当の理由がある情報」を不開示と定めた条文がある。単に「おそれがある」ではなく、持って回った書きぶりで行政機関側の解釈の余地を広くしている形だ。改正案は「相当の理由」を「十分な理由」にして解釈の幅を狭めようとしたのである。

政府内で検討中の事項について「不当に国民の間に混乱を生じさせるおそれ」のある情報は開示しなくてもいいという規定もある。そのため、例えば何かの法案が作成された過程を知りたいと記録を開示請求しても、法が成立するまでは内容に関する部分はほぼ真っ黒で出てくる。国会で法案が審議されているときにこそ知りたい情報であるにもかかわらず、だ。「よらしむべし、知らしむべからず」を連想させるような規定と言える。

## 裁判官も黒塗り文書しか見られない

情報公開訴訟にも大きな問題がある。現行の法制度では、裁判所も黒塗りの文書しか見ることができない。

裁判官が元の文書を吟味して、開示・不開示の妥当性を判断する方式を「インカメラ審理」といい、多くの先進国で導入されている。しかし、日本の裁判所では法廷に出された証拠のみに基づいて審理が行われる。不開示を争う裁判ではそもそも対象文書がないし、部分開示を争う場合は、原告が出してきた黒塗りの文書しか見ることができない。そのような状態で、第三者として公正な判断をするのは難しいだろう。

もともとインカメラ審理は、裁判官だけが秘密の文書を見るのは憲法の定める裁判公開の原則に反するという理由から認められてこなかった。しかし、２００９年に最高裁が法律に規定すれば情報公開訴訟でのインカメラ審理は可能との判断を示したことから、憲法ではなく立法の問題になった。そのため、改正案は「口頭弁論の期日外における行政文書の証拠調べ」という規定を設け、法廷外でのインカメラ審理を可能にしている。

加えて改正案は、争われている文書の内容を細かく分類・整理し、それぞれについて不開示理由を記した資料（ヴォーン・インデックス）を官庁側に提出させることができる規定も導入。インカメラ審理と合わせて情報公開訴訟の改善を図っている。

なお、情報公開・個人情報保護審査会にはインカメラ審理が認められている。

特定秘密保護法には情報公開・個人情報保護審査会にも特定秘密を提供することができる旨の条文が含まれているが、それは特定秘密にあたる情報について開示請求があったときのインカメラ審理を想定している。ただし、政府が審査会に特定秘密を提供できるのは「我が国の安全保障に著しい支障を及ぼすおそれがないと認めたとき」との条件が課されており、実際に機能するかどうかは分からない。

## 公文書館にも同様の制度がある

公文書館にも情報公開請求と似た仕組みがあるので、少し触れておきたい。

国立公文書館には省庁や裁判所などから移管された古い文書が所蔵されている。法的には「特定歴史公文書」と呼ばれる。展示されているものやデジタル化されているもの以外は、利用請求によって閲覧したりコピーしたりできる。

ただし、情報公開制度と同じく不開示情報の規定がある。内容は情報公開法とほぼ同じだ。ただ、公文書管理法には情報公開法と違い、利用請求があったときに公文書館は「時の経過を考慮する」との規定もある。つまり、長い年月が経過した文書については個人情報などの不開示情報も公開される可能性があるということだ。その年月は法律には書かれていないが、世界的には「30年原則」という基準があり、国立公文書館は30年を経過した文書については利用制限情報を必要最小限にとどめるとの方針を打ち出している。

求めた情報が十分に得られなかったときは、情報公開制度と同じく審査請求をすることができる。審査請求を受けた国立公文書館は、内閣府所管の公文書管理委員会に設置された「特定歴史公文書等不服審査分科会」に諮問し、同分科会が答申を出すという流れだ。

自治体の公文書館においても、東京都や大阪市など公文書管理条例を制定している一部の自治体には同様の仕組みがある。

## 個人情報保護法に基づく開示制度

誰に対しても情報を開示することを定めた情報公開制度と趣旨は違うが、個人情報保護法にも同じような開示請求の手続きが定められている。行政だけでなく、企業や団体など個人情報をデータベース化して扱っている組織であれば民間であっても対象となる。

それは、自分の情報が不当に利用されていないかどうか、個人の側から確認できるよう設けられている制度で、「保有個人情報開示」「自己情報開示」などと呼ばれている。請求があれば、行政や企業はその個人に関して保有している個人情報を本人に開示しなければならない。不服があったときの審査請求の手続きも情報公開制度と同様に定められている。

本人にのみ開示する制度のため、請求するときに本人であることを証明する書類の添付が必要だ。

ニュースに関係する場合としては、例えばいじめに関する調査報告書や、医療過誤に関する診療記録などを当事者が開示請求するケースがあり得る。第三者である記者が直接開示請求することはできないが、本人と信頼関係を構築して開示請求を依頼する、あるいは本人が入手している開示資料を見せてもらう、といった取材ができる可能性はある。

# 02

# 日本のジャーナリズムと情報公開制度

## 情報公開請求を使って書かれた記事の本数は

情報公開請求は取材のツールとしてどのくらい使われているのだろうか。

記事データベースを使って読売新聞、朝日新聞、毎日新聞、日本経済新聞、産経新聞の全国紙5紙について、国の情報公開法施行翌年の2002年から5年おきに2022年まで調べてみた。「情報公開請求」というキーワードで検索し、本文に「○○新聞の情報公開請求で分かった」など、情報公開請求を取材に使ったことが明記された記事を選び出した。もちろん「開示請求」など別の言葉が使われていたり、使っていても書かれていなかったりするケースもあると思われるが、大まかな傾向はつかめると考えた。

読売、毎日、産経についてはダウ・ジョーンズが運営するデータベース「Factiva」、朝日は朝日新聞社の「聞蔵Ⅱテキスト」、日経は「日経テレコン」を使用した。毎日からは、共同通信の配信記事は除外した。

その結果、この約20年間、情報公開請求に基づいて書かれた記事は年間１００本前後で推移しており、極端に増えたり減ったりはしていなかった。

実は、近年は大きく増えているのではないかと予測していたのだが、仮説は検証によってしばしば裏切られるものである。ただ、３～４日に1回くらいはどこかに載っていた計算になるので、少なくない数とは言えるかもしれない。

媒体別に見ると、朝日、読売、毎日の順で多かった。特に朝日は各年、50本前後の一定した数の記事を出していた。

一方、明確な傾向が表れたのは「情報公開請求」という言葉が含まれる記事全体の本数だ。２００２年が１２４０本と突出して多く、２００７～22年は７１９本から３１５本へと減っていた。情報公開制度を使って書かれた記

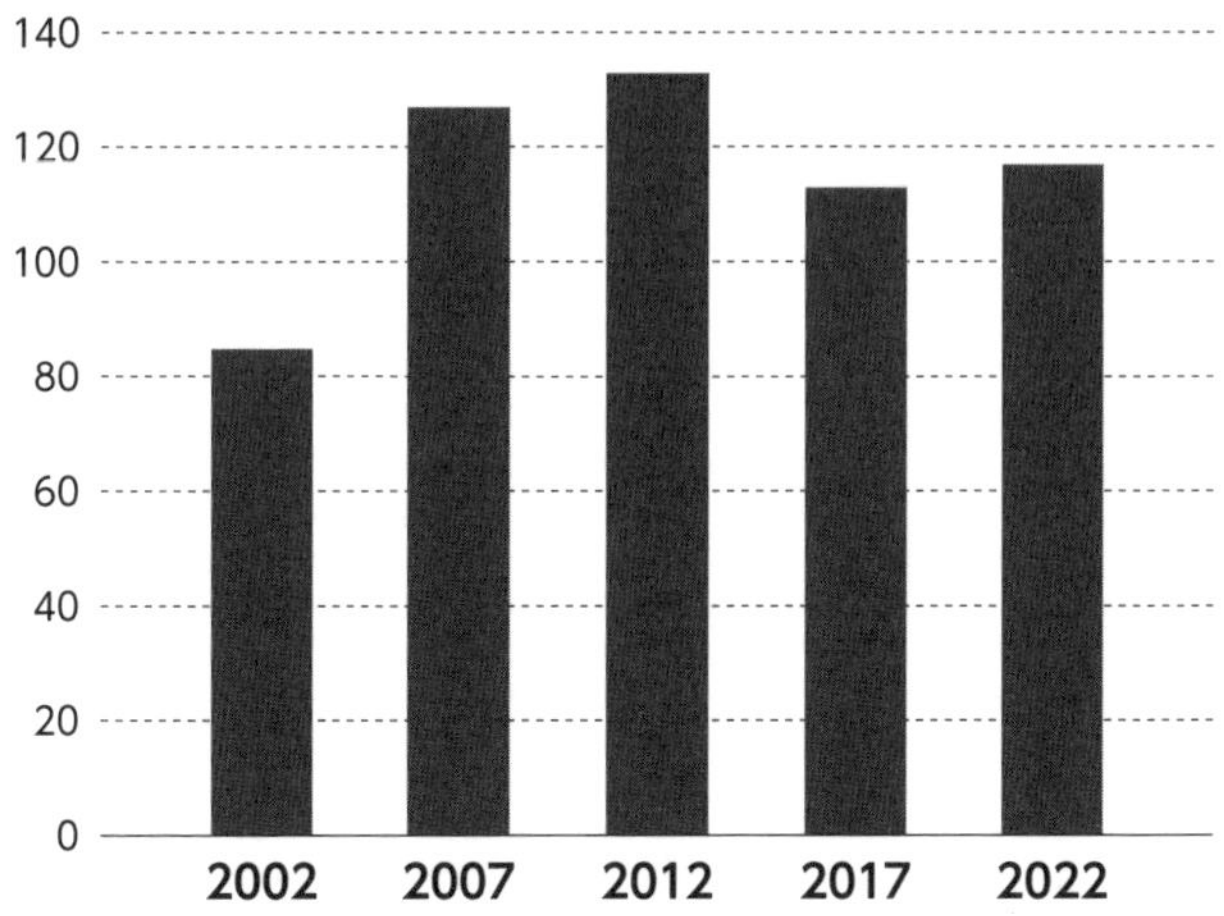


情報公開請求に基づいて書かれた記事の本数（全国紙5紙）

事の数はほぼ横ばいなので、制度自体についての政策的な記事、市民団体や個人による開示請求や情報公開訴訟を報じる記事などが少なくなったということになる。

２００２年に報道量が多かったのは、毎日新聞・大治朋子記者の同年5月28日のスクープに端を発した「防衛庁リスト問題」があったからだ。防衛庁と防衛施設庁（いずれも当時）が、情報公開請求者の個人情報をリストにまとめて幹部の間で回覧していたことが明らかになり、政局にも波及するなど大きな衝撃をもたらした報道であった。

それ以降は、良くも悪くも情報公開制度自体がニュースになることが減ってきた中で、制度を活用した取材・報道は定着してきたと見ることができるかもしれない。

本章では、情報公開制度がどのように取材・

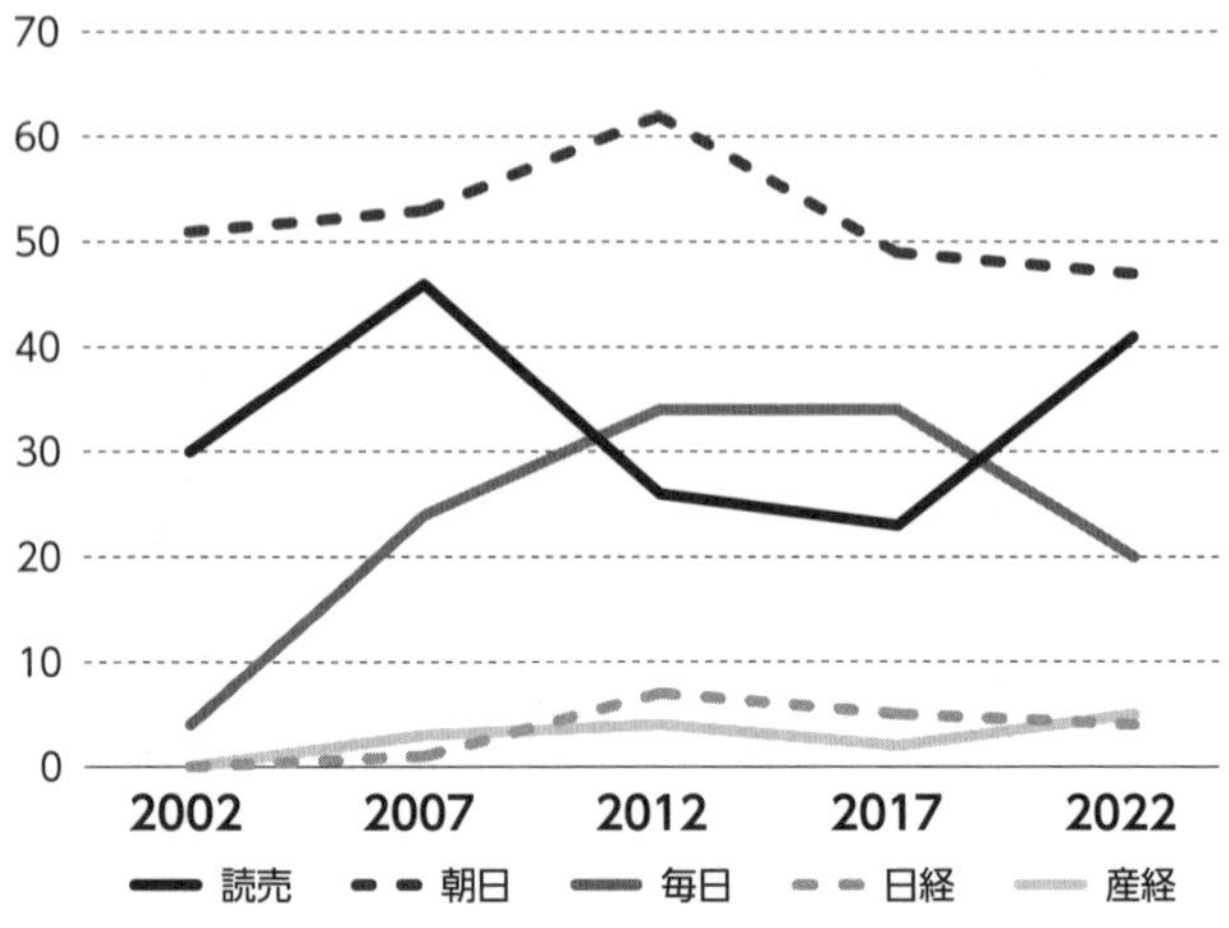


情報公開請求に基づいて書かれた記事の媒体別本数（全国紙5紙）

報道に使われてきたのかを概観し、その可能性を考えてみたい。幾つも具体例を挙げているが、たまたま筆者の目に留まったものであり、ほかにも多くの報道が積み重ねられていることは強調しておきたい。

## ニュースを掘り出す

取材のための情報公開請求には大別して二つの方向性がある。一つは情報を得るための請求。もう一つは「ない」ことを明らかにする請求である。

前者は本来の使い方とも言えるだろう。

「このあたりから何か出てくるのではないか」と目星をつけて開示資料やデータを選別し、報道できる状態になるまで磨き上げていく。鉱脈を探し当ててニュースを掘り出す作業と言えるかもしれない。どこに焦点を絞り、出てきた情報から何を読み取るか。そこに日ごろの取材の積み重ねや、記者の視点が生きてくる。

2016年に富山県のチューリップテレビ（TBS系列）が富山市議の政務活動費の不正受給を明らかにした調査報道は好例の一つだろう。最終的に14人もが議員辞職し、全国に波紋を広げた問題の口火を切った取材班は、第54回ギャラクシー賞報道活動部門大賞や日本記者クラブ賞特別賞などを受賞している。

議員報酬の引き上げが市民不在で秘密裏に行われたように感じたチューリップテレビの記者たちは2種類の資料を開示請求した。一つは、議員報酬引き上げを答申した市長の諮問機関、特別職報酬等審議会の議事録。もう一つは「第2の報酬」ともいわれる政務活動費の支出伝票だった。後者は報酬以外の議員のお金の使い道を確かめようと考えたからだった。そして、それが予想もしていなかった議員の不正発覚へとつながっていく。[55]

段ボール3箱分もあった市議全員の伝票を読み込んでいると、関係者から情報が寄せられた。市議会の「ドン」と呼ばれていた自民党市議が「白紙の領収書を使って政活費をごまかしている」と。伝票を精査したところ、実際には開いていない市政報告会の費用を市議が架空請求していた形跡が見つかった。架空であることの裏付けのためにも情報公開制度を使った。報告会の会場として記されていた市立公民館の使用申請書を開示請求したところ、市政報告会があったとされる日、市議からの使用申請は出ていなかった。

このスクープが放送されたのをきっかけに、他の報道機関も参入し、他会派の議員も含めて芋づる式に不正受給が暴かれていったのだった。

２０２０年以降、ＫＳＢ瀬戸内海放送（テレビ朝日系列）が展開した調査報道「検証　ゲーム条例」もその一つである。この報道の核になったのは、香川県議会が実施したパブリックコメントで賛成意見の水増しがあったのではないかという疑惑だ。県議会に対してパブコメの原本を情報公開請求することによってそれを明らかにしている。詳細はＰＡＲＴ１－01

「自治体取材で『普段使い』――『ゲーム条例』報道の背景」をお読みいただきたい。

## 日常的な報道で使われる情報公開請求

そのほかにも、日常的な報道を含めてさまざまな試みがなされている。２０２２年には例えば次のような報道があった（日付はいずれも記事データベースに基づく）。

・「三重・いじめ調査遅れ　中学でも重大事態拒否　第三者調査委が批判　『高校不登校の一因』」（1月27日、中日新聞）＝県立高校が設置した第三者委員会の報告書を開示請求で入手。保護者らへの取材と合わせて中学の対応にも問題があったことを指摘。

・「知床事故2カ月　『船首浸水、沈んでいる』　観光船の通報内容判明」（6月24日、読売新聞）＝１１８番通報の内容を第１管区海上保安本部への開示請求で入手。

・「『保守派との関係でもたない』夫婦別姓、世論調査質問変更めぐり　法務省、自民議員に配慮か」（8月22日、朝日新聞）＝選択的夫婦別姓制度への賛成が過去最低となった政府の世論調査の質問作成過程を記録した文書を開示請求で入手。

55　チューリップテレビ取材班『富山市議はなぜ14人も辞めたのか――政務活動費の闇を追う』岩波書店、２０１７

・「警察が人工衛星画像を活用　5年間で179回購入、殺人捜査も」（9月3日、毎日新聞）
＝商業衛星画像の購入実績などの記録を警察庁への開示請求で入手。

・「『デフレ脱却　日銀に責任』　黒田氏　07年に旧体制批判　目標未達成」（12月29日、共同通信）
＝黒田氏が日銀総裁に就任する前、財務省が財政史を編さんするために実施した聞き取り調査の記録を同省への開示請求で入手。

こうした報道の際、資料を読み解く過程で、どのセクションのどの役職者がどのような役割を担っていたのかなど、組織の構造を網羅的に知ることができるのも情報公開請求を使った取材の利点の一つといえる。

情報公開請求が「定石」となりつつある分野もある。警察官の不祥事である。記事データベー

| 見出し | 場所 | 掲載日 | 媒体 |
|---|---|---|---|
| かばんで拳銃保管した20代の巡査を処分 | 徳島県 | 2022年1月15日 | 徳島新聞 |
| 濃厚接触で待機中、女子寮に侵入容疑<br>大阪府警巡査、書類送検 | 大阪府 | 2022年2月11日 | 産経新聞 |
| 18歳未満と交際　巡査処分<br>県警「職務倫理の指導徹底」 | 鳥取県 | 2022年3月22日 | 読売新聞 |
| 県警警部補が公用車で人身事故 | 新潟県 | 2022年4月23日 | 新潟日報 |
| 巡査長が身分証偽造　県警、不祥事相次ぐ<br>警察学校生はカンニング | 秋田県 | 2022年7月23日 | 秋田魁新報 |
| 巡査　同僚の現金盗む　県警が減給処分<br>「捜査せず」 | 愛媛県 | 2022年8月27日 | 愛媛新聞 |
| 40代警視、飲酒し店員に不適切発言 | 佐賀県 | 2022年9月16日 | 佐賀新聞 |
| 防犯カメラの画像を私用のスマホに保存<br>県警、巡査長を訓戒処分 | 長崎県 | 2022年10月28日 | 西日本新聞 |
| 県警、2巡査長を訓戒や注意処分<br>不適切な公文書作成、品位失う飲酒 | 山形県 | 2022年11月26日 | 山形新聞 |
| 刑事　女子便所侵入疑い<br>兵庫県警が書類送検　宿直中、署内で | 兵庫県 | 2022年12月24日 | 神戸新聞 |

2022年に情報公開請求に基づいて報道された主な警察不祥事

ス「Factiva」で情報公開請求に基づく警察不祥事記事を検索すると、全国紙、地方紙合わせて２０２２年1年間で１２０本がヒットした。主なものを10本、表に掲げた。当局が積極的に発表しない事実を定期的にチェックする手段として定着していることが分かる。

## 得られる情報は「意思決定過程」と「データ」

情報を得るための開示請求は、さらに二つの類型に大別できるだろう。

一つは政府や自治体の意思決定過程を知るためのものだ。パブコメの内容や会議の議事録などは典型だが、民間との契約に関する記録、公用車の運転日誌、公務員の懲戒処分や勤務状況、議員の経費の使い方なども、その中に位置付けられるだろう。そうした情報は、基本的にはテキスト（文章）で記録されている。

もう一つは、データを得るための開示請求だ。金額や数量などの数字が主な対象となる。日本経済新聞の調査報道グループは、調査報道のベースになるデータの多くを情報公開請求によって得ている。それらを分析して通常の記事として出すだけでなく、独自のデータベースを構築して特設のウェブページで可視化（ビジュアライゼーション）するなど、デジタルに適した形で発信をしている。詳しくは、ＰＡＲＴ１－02「基礎データ収集に使う――『日経式調査報道』の手法」をお読みいただきたい。

情報公開請求で得たテキストをデータベースに活用するケースもある。

例えば愛媛新聞は県内の公立高校、中等教育学校（中高一貫校）の校則を県教委に開示請求して入手し、自社ウェブサイトの「愛媛県の高校における校則一覧」[56]というページに整理して公開している。西日本新聞も福岡市立中学校について、琉球新報も県立高校について、同様の校則データベースを公開している。

情報公開法と「車の両輪」ともいわれる公文書管理法（２０１１年施行）の第４条は「行政機関における経緯も含めた意思決定に至る過程並びに当該行政機関の事務及び事業の実績を合理的に跡付け、又は検証することができるよう、（中略）文書を作成しなければならない」と定めている。[57]

このうち主に「経緯も含めた意思決定に至る過程」を示すのがテキスト情報であり、「事務及び事業の実績」を示すのが数字を中心としたデータであると見ることもできよう。

そして意思決定過程と事業の実績それぞれについて、法がいうところの「検証」を担うのが、情報公開制度を活用したジャーナリズムであるという言い方もできるのではないだろうか。

ただし、近年調査報道の一分野として存在感を増しているデータジャーナリズムへの応用は、少なくとも現状の日本の情報公開制度ではかなりの困難が伴う。

データジャーナリズムとは一般的に、大量のデータを分析し、グラフやマップで可視化（ビジュアライズ）することによって新事実を明らかにする手法のことである。そのためには、元のデータがＣＳＶなどコンピューターで直接読み取れる（機械判読可能な）ファイル形式になっていなければならない。情報公開制度のデジタル化が進む諸外国に比べ、日本で開示されるデータは紙に印刷されていたり、電子的な開示でもＰＤＦファイルだったりすることが多く、機械判読可能な状態にしようとすると大変な手間がかかる。

一方で、公的機関や企業が自発的に機械判読可能なデータをオンラインで公開するオープンデータ化が近年、日本でも進み始めている。日本で実践されているデータジャーナリズムの多くは、情報公開請求ではなくオープンデータに基づいていると言っていいだろう。

## 「ない」こともニュース

情報公開制度を使った取材で特筆されるのは、たとえ狙った情報が得られなかったとし

56 愛媛新聞「愛媛県の高校における校則一覧」
https://www.ehime-np.co.jp/online/hiroba/school_rules/high_school_rules.html

57 公文書等の管理に関する法律
https://elaws.e-gov.go.jp/document?lawid=421AC0000000066

ても、ニュースになり得るという点だ。記録の「不存在」や「不開示」、あるいは過剰な黒塗りそのものが問題であるケースが少なくないからだ。「ない」ことを明らかにするためにあえて請求をするという手法もあり得る。身もふたもない言い方をすれば、情報公開請求は開示、不開示のどちらに転んでも「ネタ」になる可能性を秘めているのである。

近年、政府、自治体を問わず会議の記録が作成されていなかったという報道が目立つ。２０１７年以降、例えば次のような記事が出ている。

・「選管会議録に詳述なし　千葉市と各区の定例会など　内容・作成法を検討へ」（２０１７年4月6日、千葉日報）＝選挙管理委員会の会議録に委員の発言や具体的なやりとりを残していないことが開示請求で判明。取材で市選管から「会議録の内容や作成の仕方を検討する」とのコメントを引き出している。

・「副市長面会記録『作成せず』　情報公開請求で佐賀市回答　旧富士小体育館改修」（２０１８年11月1日、佐賀新聞）＝予算の流用が問題化していた体育館改修について、副市長は「バスケットボールチームとの面談で要請された」と議会や記者会見で説明していたが、開示請求に市は記録文書を「作成していない」と回答した。

・「退位日決定、議事録『なし』　皇室会議、皇太子ご夫妻結婚は詳細開示」（２０１８年12月13日、朝日新聞）＝天皇（現上皇）陛下の退位日を決めた皇室会議の議事録を開示請求したところ宮内庁は「不存在」と回答。１９８９年と１９９３年の議事録は開示されたことと対比して問題提起した。皇室会議は皇室の重要事項を審議する機関。衆参両院議長や首相、宮内庁長官、最高裁判所長官らで構成される。

・「県、コロナ会議議事録なし　政策決定の過程不透明　本紙に『存在せず不開示』」（２０２０年6月17日、沖縄タイムス）＝知事が本部長を務める沖縄県の新型コロナウイルス対策本部会議の議事録がないことが開示請求で判明。

・「道の緊急宣言前　幹部会合議事録なし　専門家、透明性を問題視」（２０２０年6月30日、北海道新聞）＝北海道は新型コロナ対策として独自に緊急事態宣言を出した。その前に5回開かれた幹部会合の議事録の開示請求に対し道は「未作成」と回答。

新型コロナウイルス感染症をめぐる「議事録なし」問題に各地の報道機関が敏感だったのは、当時の政府の対応と無関係ではないだろう。

安倍晋三政権下の２０２０年5月、政府の専門家会議が議事録を残していないことが問題化した。政府自身が同年3月に新型コロナを行政文書管理ガイドラインに基づく「歴史的緊急事態」に指定し、通常より幅広い文書の作成を行うと決めていたにもかかわらずだ。

政府や自治体が正確な記録を残さなければ、将来同じようなことが起きたとき、国民だけでなく為政者自身も過去の教訓や知恵を学べなくなってしまう。公文書が「健全な民主主義の根幹を支える国民共有の知的資源」(公文書管理法)たるゆえんである。

安倍政権は公文書と情報公開をめぐる問題が噴出した政権でもあった。森友学園、加計学園、そして「桜を見る会」問題もそうだった。公文書が捨てられたり、最初から作成されていなかったり、果ては改ざんされたりした。そして１人の良心的な官僚が自ら命を絶った。

前述の例示を２０１７年以降としたのは、同年が森友・加計両学園問題が発覚した年だったからだ。データで検証はしていないが、以降、記録がないことを問題視する報道が増えている印象はある。あえて「不存在」を確認するために情報公開請求を使う報道もあった。

毎日新聞の「首相と省庁幹部の面談記録『不存在』　官邸１年未満で廃棄」(２０１９年４月13日)はその一例だ。首相官邸や各省庁の双方に開示請求して「不存在」の回答を得た上で「官邸は情報漏えいを警戒して面談に記録要員を入れさせない」「面談後に記録をつくっても、あえて公文書扱いにはしていない」といった官僚の匿名証言を報じた。

「ない」ことがニュースとして一つの地位を占めた背景には、情報公開や公文書管理が法令で定められたことがある。公的機関が管理する情報は原則として公開しなければならない、公文書は後の検証に耐え得るレベルで残さなければならない、とのルールがあるからこそ、そうでなかったときに問題点を明確に指摘できる。読者への説得力も増す。情報公開や公文書管理をめぐる法整備は、報道にとっても大きな転換点だったと言える。

神戸新聞の霍見真一郎記者らが２０２２年10月にスクープした、神戸連続児童殺傷事件

（１９９７年発生）の全記録が神戸家裁で廃棄されていた問題も同じ構図の中に位置付けられるだろう。その後、全国で同様の記録廃棄が相次いでいたことが明らかになり、最高裁は「後世に引き継ぐべき記録を多数失わせてしまったことを深く反省し、国民におわびする」と謝罪した。

公的機関を取材するときは、公文書は国民の共有財産であるという理念がないがしろにされていないか、常に意識しておく必要があるだろう。

## 開示請求が予想外のニュースをもたらす

記者が情報公開請求をしたことによる「余波」がニュースをもたらすこともある。頻発しているのは、政府や自治体が請求をした記者やメディアの名を漏らすケースだ。

２０１０年に毎日新聞記者が山梨県議会事務局に県議３人の政務調査費（現・政務活動費）の資料を開示請求したところ、職員が当該県議に請求者名や請求内容を伝え、さらに記者には「３人とも『新聞に名前が出るのか』と気にしている。記事を書く際は配慮していただけないか」などと話した。この件では、請求者名の漏えいが県個人情報保護条例に抵触したとして担当職員らが処分された。

前述した２０１６年の富山市議会政務活動費不正問題でも、チューリップテレビによる開示請求を議会事務局職員が当の市議に伝えていた。富山市議会の件は全国的に注目を集めたため、各地の地元議会で政活費の情報公開請求が各メディアによって次々に行われた。その結果、各地で同じように議会事務局が議員に情報を漏らし、「請求者名漏えい」も次々にニュースになるという事態になった。この時に報道機関名や記者名が漏れたケースを毎日新聞データベースで集計したところ、10日間に8件が記事になっていた。

この時、総務省は「開示請求者の個人情報を知る必要のない者にまで提供することがないよう留意する必要がある」という趣旨の通知を都道府県や議会に出した。

ところが２０１８年7月、朝日新聞の金融庁への情報公開請求の内容が開示前に野田聖子総務相(当時)に報告されていたことが朝日新聞の報道で明らかになった。朝日新聞記者が請求し

| 見出し | 掲載日 |
|---|---|
| 富山市議会の政活費不正:情報公開請求者漏らす　富山と金沢、議員に　市議会事務局 | 2016年9月21日 |
| 情報公開請求者、鳥取でも漏らす　市議会事務局 | 2016年9月23日 |
| 情報公開、北九州も請求者漏らす　議会事務局が議員に | 2016年9月24日 |
| 川崎も請求者漏えい　情報公開、議会局が市議側に | 2016年9月24日 |
| 大阪・富田林市も社名漏えい | 2016年9月27日 |
| 大阪・羽曳野と阪南市、請求者名漏らす | 2016年9月28日 |
| 情報公開請求者名漏らす　山形市議会、議員に | 2016年9月29日 |
| 情報公開請求漏えい:大阪・豊中市でも　議員に報道機関名 | 2016年10月1日 |

2016年に報道機関が政務活動費に関する開示請求をして請求者情報が漏れたケース
(毎日新聞記事データベースから作成)

たのは金融庁の官僚と野田氏の秘書との面会記録だった。情報公開法を所管する総務省にもかかわらず、その認識のずさんさを露呈してしまったのである。

情報公開請求を受けた側が請求者情報をむやみに第三者に提供するのは、誰もが等しく情報の開示を受けられるという制度の根幹を揺るがす行為だ。議員に関する情報を求めていることが議員に筒抜けになるのなら、人々は請求をためらうだろう。

前述した防衛庁リスト問題も同じである。政府が内部で請求者情報を広く共有するほど、情報公開制度を逆手にとった国民の監視が可能になる。

請求者名の漏えいが発覚すると、個人情報保護条例違反や公務員の守秘義務違反、国家公務員法の信用失墜行為などに当たるとして、担当者が処分されることが多い。

請求者情報の漏えいをはじめ、情報公開制度の信頼性を損なう行為を見つけたときは、その都度、ニュースとして社会に共有していくことが必要だろう。

情報公開請求をしたこと自体が波紋を広げ、やがて大波となって権力を揺るがすような事態につながることもある。

陸上自衛隊の南スーダン国連平和維持活動（ＰＫＯ）の日報を隠蔽《いんぺい》した問題で、２０１７年に稲田朋美防衛相（当時）が辞任した。その発端はジャーナリストの布施祐仁氏による情報公開請求であった。

英国では、ジャーナリストのヘザー・ブルーク氏らによる英国議会に対する議員経費の情報公開請求が英国議会史上最大ともいわれるスキャンダルに発展した。２００９年に庶民院（下院）議長が３１４年ぶりに辞任、貴族院（上院）も含む4議員が刑事訴追され、多くの議員が引退を余儀なくされたのである。開示請求に対して議会は不開示を決めたが、ブルーク氏らによる情報公開訴訟の結果、裁判所は開示を命じた。開示準備をしていた作業員によって伝票類がリークされ、保守系高級紙テレグラフの調査報道で多くの議員が経費を私的に流用していたことが明らかになったのだった。

記者による情報公開請求が公文書の改ざんや偽造を誘発するケースも複数起きている。例えば２０１２年12月13日の朝日新聞朝刊「公文書、捏造して開示　横浜刑務所、誤廃棄を隠す」は、法務省東京矯正管区が横浜刑務所の医務部長らを公文書偽造・同行使容疑で書類送検し、停職などの処分をしたことを伝えている。記事によれば、朝日新聞記者が同年4月に受刑者の診療記録を開示請求したところ、一部が誤って廃棄されていたことから、発覚を恐れた医務部長らがその分を偽造して情報公開担当者に渡したのだという。

情報公開請求が思わぬ展開をもたらす可能性があることは常に心に留めておきたい。

## 制度そのものの問題点を報じる

情報公開制度そのものの問題点や課題もニュースになり得る。

詳しくはPART２－01「一から分かる情報公開制度」に譲るが、不開示情報の定義のあいまいさや、情報公開訴訟で裁判所が黒塗りなしの公文書を見分することができないなど法制度に改善すべき点は数多くある。そうした論点の多くを取り入れながら、一度も審議されず２０１１年に廃案になってしまった情報公開法改正案は、改めて議論の俎上《そじょう》に載せる価値があるのではないだろうか。

公的な存在でありながら、情報公開制度の適用外のためにブラックボックスになっている組織も少なくない。

例えば、２０２１年夏に開催された東京オリンピック・パラリンピックの大会組織委員会は公益財団法人だったので情報公開制度の対象外だった。税金も含む大会経費１・４兆円のうち、組織委の経費が最も多い45％（６４０４億円）を占めていたにもかかわらず、その使途の詳細を国民が知ることは難しかった。２０２２年６月には解散したため、経費の使われ方の検証はさらに困難になっている。

旧郵政省や旧日本郵政公社は情報公開法の下にあったが、民営化で２００７年10月に日本郵政グループが発足すると情報公開制度は廃止された。同じ業務が継続しているにもかかわらず、情報公開の窓は閉ざされてしまったのである。成田国際空港（旧新東京国際空港公団）や東京地下鉄（旧帝都高速度交通営団）なども特殊法人から民営化された際に情報公開制度が廃止されている。

一方、民間法人であっても、指定管理者については施設管理に関する文書を情報公開制度の対象にしている自治体もある。

公的な業務を担う民間セクターの情報公開についてはさらなる議論が必要であろう。

テクノロジーの進化をどう制度に整合させるかも大きな課題である。

近年、公的機関でも内部でのコミュニケーションにビジネスチャットツールが導入されている。文字によるチャットだけでなく、ビデオ通話やオンライン会議などの機能もある。そこには、紙の文書でもメールでもなく、テキストや録画などの形で「経緯も含めた意思決定に至る過程」（公文書管理法）の記録が残されている可能性がある。

読売新聞は２０２１年３月６日に「チャットは公文書なのか？……自治体で活用急拡大、ルールまちまち」（見出しは電子版）という記事を出している。多用されるようになったLINE WORKS（ラインワークス）や自治体向けのチャットアプリＬｏＧｏチャットなどに残された記録を公文書として扱うかどうか、自治体によって対応がまちまちであることを明らかにし、ルール整備の必要性を指摘した報道だった。

国では公文書管理委員会がチャットツール上の記録を行政文書として扱う必要性を指摘し、内閣府は２０２３年10月、政策の企画立案などに関わるやりとりを保存期間１年以上の行政文書とし、「チャットツール外」への保存を義務付ける内規を定めた。具体的には文書作成ソフトへの貼り付けやスクリーンショットが例示されている。この時の内閣府の調査では、国の49行政機関のうち45機関がチャットツールを導入しており、マイクロソフトのTeams（チームズ）が多数を占めた。

チャットツール上の公的記録の保存や公開については、各国でも試行錯誤が続けられている。貼り付けやスクリーンショットによる保存がどのくらい機能するかは未知数であり、今後ウオッチをしていく必要があるだろう。

情報公開制度自体のデジタル化も喫緊の課題だ。この点では日本は圧倒的に遅れている。自治体はまだしも、政府はいまだに紙ベースのシステムである。政府のデジタル・トランスフォーメーション（DX）の司令塔であるはずのデジタル庁ですら、情報公開請求しようとすると紙の開示請求書に収入印紙を貼って郵送するか、窓口に持っていかなければならない（本稿執筆時点）。もはやブラックジョークというよりほかはない。

諸外国では請求から開示までの手続きがオンラインで完結していることが多い。そのため、開示された資料やデータをウェブサイト上で共有して、同じ情報を探している人がわざわざ開示請求をしなくても済む仕組みもつくられている。

例えば英国には非営利団体が運営するWhatDoTheyKnow[58]というサイトがある。専用フォームで欲しい情報と官庁を指定すると、請求を代行してくれる。文書やデータが開示された場合はウェブサイトで公開され、検索可能なアーカイブとして蓄積されていく。政府、自治体双方をカバーしており、日本関連の単語を入力してもそれなりの件数がヒットするので、日本での取材にも活用できる可能性がある。

米国の非営利ニュースサイトMuckRock[59]にも同じ機能がある。蓄積された情報を使った調査報道も手掛けており、ジャーナリズムと市民社会をつなごうという意思をより明確に示している。代表のマイケル・モリシー氏は元ボストン・グローブ紙の記者である。

刻々と変化するテクノロジーの動向に常に注意を払いつつ、デジタル化社会における民主主義という観点から日本の情報公開制度を問い直す必要があるだろう。

---

58 WhatDoTheyKnow
https://www.whatdotheyknow.com/

59 MuckRock
https://www.muckrock.com/

58

59

# 03

# 専門家が語る「一歩先行く開示請求」

情報公開クリアリングハウス理事長　三木由希子

取材・報道は社会のあらゆる事象が対象である。記者が情報公開請求で求める情報もさまざまだ。しかし、知りたい情報を確実に手に入れるために共通するコツもある。

毎年春に早稲田大学で開かれる「報道実務家フォーラム」の「一歩先行く開示請求 ～専門家が疑問に答えます」は、そんな実用的なアドバイスが詰め込まれた人気講座だ。

講師は三木由希子情報公開クリアリングハウス理事長。日本の情報公開制度導入に大きな影響を与えた「情報公開法を求める市民運動」（ＰＡＲＴ２－01「一から分かる情報公開制度」参照）から移行し、20年以上にわたって、よりよい情報公開制度のあり方を調査・研究してきた専門家である。自身も数多くの情報公開請求や情報公開訴訟を手掛けてきたほか、自治体の情報公開審査会委員も務めるなど行政の実務にも通じている。そして、報道関係者の相談にも数多く応じてきた。

本項には２０２３年の報道実務家フォーラムでの三木さんの講座を再構成して収録した。さらに一歩先を行く情報公開請求をするための大きなヒントになるだろう。

## 情報公開請求は最終的な手段

情報公開制度では、請求目的や請求者によって公開・非公開の判断が左右されることはありません。こういう目的だから公開してほしいとか、私はこういう者だから配慮してほしいとかいうことは考慮されない仕組みです。「自分は報道関係者で特に知る必要があるのに、公開されなくて困っている」という相談を時々受けますが、そういうことを言い始めると制度の根幹が崩れてしまいます。

情報公開制度は情報を入手するための最終的な手段の一つと理解していただければと思います。やみくもに請求するのではなく、すでに公開されている情報に当たった上で、何が足りないのかは確認した方がいい。公開情報をきちんと押さえることも大事です。

請求したいことに関して、どのような制度があって、どのような公的機関がどのような権限で関与しているのか。どの法令が関係するのか。そういう基本的なことを調べておくことも役に立つことがあります。

まず、ターゲットを絞って調べる。その後に情報公開請求がくるという感じです。

# 人やお金の動きを追いやすい

情報公開請求は人やお金の動きを追いたいときに効果的です。

まず、人の動きです。閣僚や首長の公用車の運転日誌は詳細情報が出てこないことも多いですが、職員がいつどこに出張したかは必ず残ります。

例えば国有地の売却を担当している地方財務局は、職員が裁判所とか法務局とかいろいろなところに外出しています。森友学園問題の時、私が請求したものの一つが、近畿財務局の国有地売却で森友学園を担当していた職員の外出記録でした。すると、誰がどこにどういう用件で行ったかが一覧できる手書きの表が出てきました。

麻生太郎さんが財務大臣だった２０１９年５月、自衛隊の潜水艦に試乗したことがありました。担当閣僚でもなく部隊が休みの土曜日だったことから、自衛隊の私物化ではないかと批判されました。その時、誰と一緒に行ったのかが裏付けられたのは内閣官房国家安全保障局の職員の出張記録でした。

お金の動きも同じです。予算の執行は隠せません。執行されているということは、政策や事業が動いているということです。不正の追及というよりも、政府や自治体が何をしているのかをお金の動きからも把握することができます。いつ何に着手したのか、どんなものを外注しているのか、といったことです。

## 「横展開」も効果的

一つのテーマについて、ほかの自治体や国、同じ組織の別の部署など横に展開をしていく使い方もあります。

典型的なのは警察官や教員の懲戒処分ですね。一つの自治体だけでも記事になりますが、ほかの都道府県に展開していくと違ったインパクトが生まれます。

自治体や国の中で複数の部署が関わる案件であれば、それぞれの部署に請求するという横展開もできます。

## 手堅い情報源になる

情報公開請求で入手した文書は由来が明確なので、そこに書かれている内容を報道するリスクはありません。

情報公開制度の話ではありませんが、放送法が定める「政治的公平」の解釈をめぐって２０１５年に当時の総務省幹部と礒崎陽輔首相補佐官や高市早苗総務相のやりとりを記録した文書が２０２３年3月に流出しました。総務省は自分たちの文書だと認めて公表しましたが、高市さんは内容が虚偽であると主張しました。その場合、その文書の内容を報じることで責任を問われないかという質問を記者から受けたことがあります。

総務省としてそのような記録を残しているのであって、内容について議論が起こった場合は総務省が責任を持って説明すべきことです。報道が責任を引き受ける話ではありません。解釈を加えた場合は、それについての説明責任は報道が責任を引き受けることになります。

ただし、行政機関の内部からリークされたような場合は、その文書が自分たちの文書であると行政機関が認めていない段階では、文書が本当に内部のものかどうか何重にもチェックするような慎重さが必要になります。

## 情報公開制度が向いていないこと

情報公開制度は速報には向いていません。開示請求をすると手続きに乗ってしまうので、決定までには相応の時間がかかります。急ぐ場合は通常の取材で情報収集した方がいいと思います。

特に、大きな問題が起きた場合は、その案件に開示請求が集中するため、手続きにものすごく時間がかかることがあります。担当部署はただでさえ対応に忙殺されているわけですから。

情報公開請求は匿名ではできません。誰が何を請求しているのかということは担当部署に把握されてしまいます。こちらが関心を持っていることを相手に知られたくない場合は、情報公開制度は向かないということになります。報道関係者だと悟られたくない場合は、報道と関係ない人に請求を頼むということはできます。

開示・不開示の決定は実施機関の長、つまり市長とか大臣とかの名前で出されます。つまり、組織的な意思決定ということです。そのために判断がどうしても保守的になる傾向があります。自治体の場合は首長次第というところがあって、幅があります。いずれにしても組織の利害が開示・不開示の判断に反映され得るということですね。

情報公開制度の規定に従えば、行政機関は公開することによる公益と非公開にすることで保護される利益の比較衡量をして、公益が上回る場合は公開するという判断をしなければなりません。しかし、日本の行政機関は公益性の判断がとても苦手です。

## 手続きにかかる時間

国の場合、開示決定は30日以内と定められていますが、これは請求書に書いた日付からではなくて、受け付けされた日から30日以内です。つまり、郵送で請求をすれば届いた日、窓口に持っていけばその日が受付日になります。オンラインでは当日、または翌日です。

日本の行政手続きでは、行政機関は請求書を受け付けないということはできません。

開示決定が出た時点ですぐに文書をもらえるとは限りません。国の場合、決定通知には何日以降に開示の実施ができると書いてあります。ただ、柔軟に対応してくれることもあるので、問い合わせてみてもいいと思います。基本的には指定された日以降でないと対応してくれません。

国の場合、30日以内で開示・不開示の決定ができない場合は30日の決定延長ができます。それでも決定ができない特別な事情がある場合は、さらに「特例延長」が適用されます。その結果、１年以上かかることもあります。私が聞いている例で最も長かったのは5年です。ただし、特例延長は再延長できません。

２０２０年度のデータでは、国に対する請求件数17万５０００件のうち11万８０００件ぐらいは定型的な請求で、ほぼ判断が決まっているので30日以内に処理されます。それ以外の非定型な請求は結構な割合で延長になります。特に外務省と防衛省は特例延長がデフォルト化しているといってもいいほどです。

自治体は原則、請求の受け付け翌日から２週間以内に開示・不開示決定がなされます。決定通知が出た段階で開示できる状態になっていることが多いです。決定延長の仕組みもあります。だいたい30~60日です。自治体によっては、条例に特例延長の規定が入っている場合もあります。ただ、特例延長が適用されるケースは非常に少ないです。

## 「延長」にどう対処するか

特例で延長した期間に国は何もしなくていいわけではありません。請求の受け付けから60日の時点で決定できる範囲については決定をしなければならないことになっています。それ以降も、例えば特例延長が1年間だとしたら、その間に何回かに分けて決定をすることができます。準備ができたところから、順次開示決定することもできる仕組みなので「できたものから順次決定してほしい」と交渉することはできます。実際に、案件によっては計画的に順次処理するような場合もあります。交渉はダメもとでした方がいいと思います。

決定延長は、文書の量が多い、探索に時間がかかる、開示・不開示の審査に時間がかかる、といった場合に適用されることが多いです。あとは文書に企業や個人など第三者の情報が含まれている場合です。その第三者に対して意見照会をすることが多いからです。意見照会が行われると30日以内に処理ができないことも起こります。

第三者への意見照会をどうしても避けたい場合は、「法人関係の文書は除く」「個人情報は除く」といった形で請求しても意味があるなら、あまりお勧めしませんが、やってみてもよいと思います。ただ、それで必ず30日以内に決定が出るとはいえないので、案件によって判断してください。

## 裁判所の情報公開制度の活用法

裁判所や国会には情報公開法は適用されませんが、独自の情報公開の仕組みがあります。裁判所の場合、対象になるのは管理運営部門の記録だけで、訴訟記録は対象外です。でも、例えば最高裁や各地裁高裁で開かれている裁判官会議の記録は対象になります。

裁判員制度が導入される前、最高裁が刑事裁判官を集めた会議の資料の開示を求めたところ、地裁・高裁に「裁判員は何人がいいか」と意見を聞いた資料が出てきたことがあります。これは結構面白かったです。裁判所によって意見が異なっていたことがよく分かりました。

司法研修所が開いていた複雑困難訴訟についての研究会の資料も興味深かったです。福島の原発事故後に最高裁が原発訴訟を研究しているという報道を見て、一体何をやっているのだろうと開示請求してみて出てきたものです。原発訴訟についての対応の検討だけでなく、大量原告訴訟をどう訴訟指揮するかといった、対応が難しい訴訟についての検討が行われていました。

あとは、最高裁判事の交際費の支出文書も取れたりします。

国会も同じく管理運営部門の「立法行政文書」だけが対象なので、例えば衆参両院には法制局がありますが、議員立法の法案審査記録のようなものは対象になっていません。

## 請求者を「住民」に限っている自治体も

国の情報公開法は「何人も開示を請求することができる」と規定しているので、政府の情報は誰でも請求できます。ただ、コピー代とか手数料の支払いは国内にいないと基本的にはできないです。請求も日本語で書かなければならないので、日本にいて日本語ができることが事実上の条件になります。

自治体は「何人も」と規定しているのが5割強で、残り45%くらいはその自治体に住んでいる人と在学・在勤している人、つまり広い意味での住民に限って請求できることになっています。住民に限っているけれども、理由を示せばそれ以外でも請求できるという規定を持っている自治体もあります。都道府県では埼玉県だけがこのタイプです。

請求権がない人に、情報公開の任意の申し出ができるよう定めている自治体もあります。情報公開条例に規定がありますので、いわゆる住民に請求権が限定されている場合は、この任意の申し出の仕組みがないか確認してみてください。ただ、権利ではないので審査請求や裁判はできません。

福島県の市町村は9割くらいが請求者を住民に限定しているのですが、原発事故の避難地域の自治体からは、この申し出制度を使ってそれなりに情報を得ることができました。

## 情報公開の対象になる文書とは

請求対象となる文書は行政文書とか公文書とか呼び名はいろいろで、録音や録画、写真、メール、メモや備忘録のようなものも含まれます。

重要なのは定義です。①職員が職務上作成取得した文書である②その文書が組織的に用いられていること③実施機関が保有ないし管理をしている――が情報公開制度の対象になる公文書の定義です。この三つの要件のうち、重要なのは②です。ここで個人のメモか組織の文書かを区分けしています。

「組織的に用いられている」というのは線引きが難しい定義です。おかしいという場合は審査請求などで争って個別に判断してもらうしかありません。

条例の場合、規定の文言が同じでも異なる解釈をしている場合があります。例えば２０２１年に読売新聞が報じたケースです（ＰＡＲＴ２－02「日本のジャーナリズムと情報公開制度」参照）。自治体職員が業務でＬＩＮＥなどのチャットアプリを使ってやりとりした記録やデータについて、公文書と判断する自治体とそうでない自治体に分かれました。条例上の規定にそんなに違いはないにもかかわらずです。

行政機関は解釈基準をだいたいつくっていて、それ自体は公開情報なので見ようと思えば見られます。内部での解釈がどうなっているのかを見つつ、場合によっては審査請求をするといいのではないかと思います。審査会の判断で解釈が変わることもあります。

## 同じ省や自治体でも請求先は分かれる

開示請求書を書くときは、請求先を特定する必要があります。国の場合は本省なのか出先機関なのか。例えば森友学園の場合は近畿財務局が持っている文書は近畿財務局長宛てに請求します。防衛省の沖縄関係の情報はかなりの部分が沖縄防衛局になります。本省から地方の出先機関に権限を委譲していて、決定は実際に文書を持っている出先機関が行うことになっているのが通常です。各省庁のサイトに請求窓口一覧が載っています。それを見て請求先を特定する必要があります。

自治体の場合は首長部局の文書は首長、議会は議長、教育関係は教育委員会といった形で請求先が分かれます。

## 請求者の名義はどうする

取材で行う場合、記者個人が請求者になって構いません。支局長など直属の上司を請求者としていたケースもあるし、会社を請求者とすることもできます。ただ、請求者しか審査請求や訴訟はできないので、記者個人が請求者であれば記者の判断で審査請求をすることができますが、支局長名で開示請求すれば、審査請求は支局長名ですることになってしまいます。会社名で開示請求すると、会社として審査請求ということになるので、会社としての決定が必要になります。ですので、審査請求をするか否かを自由にしたい場合は、個人の名前で請求した方がいいです。

自治体によっては請求目的を書く欄がありますが、理由によっては認めない、という仕組みではないので、取材とか調査とか何でもいいので書いてください。

請求書の段階で、文書が公開された場合の公開の実施方法を選ぶ記載欄がある場合もあります。閲覧だけか写しが欲しいのか、写しは窓口に取りに行くのか郵送してほしいのか。請求した後に変更もできますので、決定が出た段階で確定するということでも問題ないです。

## 請求内容をどう書くか

一番大事なのは請求内容です。請求対象の文書名を特定する必要まではありません。どういう情報を知りたいのかが書かれていれば大丈夫です。

請求書に書かれた内容だけでは文書の特定が難しい場合、行政機関から電話がかかってきます。そこでやりとりして行政の方で対象文書を絞っていくことになります。

もちろん文書名とかファイル名が分かっている場合は書くといいと思います。スムーズに進みます。

紙でなくデータが欲しい場合、あるいはメールやオンラインツールも探索してほしい場合などは、何を、どの範囲を探してほしいのかを具体的に書いておくとよいです。例えば、会議の記録を請求する場合に、「録音物も含む」と入れておくと、議事録のようなもの以外に録音物も探すことになります。

請求内容を書くときに言葉の使い方に気を付けた方がいい場合もあります。「決裁文書」とか「議事録」とか「報告書」とか決め打ちし過ぎると、行政機関はそれしか探さなくなります。特定の範囲が狭まる可能性があるということです。そうすると、欲しい情報が出てくるまで何度も請求しなければならなくなってしまいます。

例えば議事録が欲しい場合ですが、正式な議事録がつくられていないことがあります。でも、会議内容をまとめたメモはあったりするので、私は「会議内容を記録したもの」というような言葉で請求しています。

そもそも会議といっても正式な会議とされていないケースも結構あるので、「協議」「調整」「連絡」「打ち合わせ」「面談」「面会」など、想定できる範囲の文言を入れて漏れがないようにするといいと思います。

「報告書」として作成されていなければ、何かまとめたものがあっても「ない」とされたこともあります。「報告内容をまとめたもの」「報告が取りまとめられた経過の分かるもの」といった書き方をして文書が特定されたこともありました。報告書とか指示書という形態はとっていないけれども、何か報告を受けたり指示したりした記録があることは多いです。

政府はＳＮＳ上にどんな言説が流れているか情報収集しています。それについて「言論の監視活動をするために作成した資料」などと請求してしまうと、それは「監視目的ではない」という理由で出てこなくなってしまいます。「監視目的」と文書を特定し何か文書があると決定すると、「監視目的で行っていた」と政府が認めることと同義になるからです。監視活動に当たるかどうかは、情報をもらったあとで判断すればいいことです。

細かいことですが、決裁文書について気を付けた方がいいのは「決裁に至る経緯の分かるもの」と書く場合です。決裁文書は、起案から決裁までの間、役所の中を上がっていく段階でちょこちょこ修正が入ることがあります。「決裁に至るまでの経緯が分かるもの」と請求すると、起案以降に修正が繰り返された文書だけが出てくることがあります。

請求した側からすると、起案前の検討の経緯が知りたかったのに、行政機関は起案後と解釈してしまうのですね。その場合は起案に至る前の記録も含むよう、請求の段階で特定しなければいけなくなります。

行政機関は請求者の意を酌んで幅広く請求対象を特定することはないので、何を探してほしいのかは具体的に書いた方がいいです。

期間を絞るときは、年度なのか暦年なのかで意味が違ってきます。年月日や期間が分かっているのであれば、それも書いた方がいいです。

複数の部署が保有している文書を請求したい場合は、その複数の部署も特定した方がいいでしょう。行政機関が請求を受けると、請求内容に関わる政策や事業の主担当の課室に、請求対応を基本的には委ねるからです。他の課室が持っていることが分かっているときは、特定しておいた方がいいです。

除外する情報の明示が必要な場合もあります。例えば、情報公開請求をするとウェブサイトで提供されている情報も特定対象になるので、それらも出てきてしまうことがあります。私は、事前の情報収集でウェブサイトに掲載情報が多い場合は、「ウェブサイトに掲載されている情報は除く」と書くことがあります。ただ、すべてが探し切れているわけではないので、何がサイトで公表されているか、行政機関の認識と食い違いがないか確認するために電話をすることもあります。

## 請求先に意図を知られたくない場合

どんな情報を求めているのか請求相手に知られたくないケースもあると思います。特定の職員や議員を名指しして請求すると、こちらの意図が分かってしまいます。その場合、同じような情報を別の部署も持っている場合は、他に広げて請求するという方法があります。出張記録のような、どこの部署にでもある文書であれば可能ですね。事業についても、知りたい事業だけでなく同時期の同種の事業についても請求するといいでしょう。

個人や民間企業を名指しして請求すると「存否応答拒否」とされ、文書があるかどうかも答えてもらえないことがあります。それらが公知の事実であれば名指しでいいと思いますが、そうでない場合は案件や時期など別の方法で特定しないと何も出てきません。

入管での死亡事件や、自治体でのいじめ自殺の案件など個人情報が多数含まれる文書を情報公開請求で入手するのは困難です。しかし、当事者であれば個人情報保護法に基づく本人開示請求ができるので、信頼関係を構築した上でご本人に開示請求をしてもらって、それを入手するという方法はあります。

## 審査請求にかかる時間

決定に不服があって審査請求をする場合は3カ月以内にしなければいけません。決定の日付ではなく、決定を知った日の翌日から計算します。

審査請求を受けた行政機関は、第三者機関の審査会に諮問することになります。名称はさまざまで、国は情報公開・個人情報保護審査会、自治体だと行政不服審査会である場合もあります。諮問までに30～90日くらいかかり、審査会の答申が出るまで早くて半年から1年くらいかかります。もっとかかることもあります。自治体や国は案件によってまちまちです。文書量が多いと長くなる傾向があります。私が審査請求している中には、6年たっても答申が出ていないケースがありますが、大量の文書が含まれている案件です。

ただ、審査請求の場合、早ければいいとは限りません。最初から答えが決まっているような案件は早く処理できるので、答申も早く出てくるからです。精査しなければいけない案件ほど時間がかかります。

私は自治体の審査会の委員をしていますが、来たものから順番に審査をします。それは国も同じです。難しい案件が入っていると、それに時間を取られて、後に並んでいる案件がなかなか処理されないということも起こり得ます。

開示の延長に対抗する手段として、延長を行政機関の不作為として審査請求をするという方法もあります。しかし、これは相手の業務量を増やしてさらに開示を遅らせることにもなりかねないので、案件はよく選んだ方がいいと思います。よほど悪質性や問題がある場合ですね。

以上のように、情報公開の手続きには時間がかかります。取材に活用するときには「時間ができたら請求しよう」と考えずに、とにかく思いついたら請求した方がいいと思います。

**三木由希子**（みき・ゆきこ）

ＮＰＯ法人情報公開クリアリングハウス理事長。専修大学客員教授。情報公開制度や公文書管理制度、個人情報保護制度など公的機関に対する知る権利の確立のための調査、政策提案、意見表明、制度利用者支援などを行う。自治体の審議会等の委員、ＮＰＯ法人報道実務家フォーラムの理事も務めている。

# おわりに

筆者が情報公開制度を取材に初めて使ったのは20年前のことでした。

それまで事件担当が長く、捜査当局という狭いサークルの中で限られた情報源を奪い合うような取材をしていた自分にとって、情報公開請求という誰にでもできる手段で予想以上に豊かな情報が得られたことは、目からうろこが落ちるような経験でした。

以降、この制度を使ってどんなことができるのか、半ば試してみるつもりで、さまざまな取材に使ってきました。それについては『武器としての情報公開――権力の「手の内」を見抜く』（ちくま新書、２０１８）という本にまとめています。興味のある方はご覧ください。

その一方で筆者は２０１０年から「報道実務家フォーラム」の運営に携わってきました。優れた報道をした記者やディレクター、ＩＴなどの専門家を講師に招いて視点やスキルを学び、議論する業界横断の研修イベントです。２０２３年には会場とオンライン合わせて過去最多となる約７５０人の参加がありました。

報道業界は厳しい状況に置かれています。

インターネットの普及による情報環境の変化や少子高齢化に伴う経営難から、既存メディアの組織は縮小する傾向にあります。日本の報道機関では従来、取材・報道のノウハウやスキルの伝承はＯＪＴ（オン・ザ・ジョブ・トレーニング）で行われてきましたが、各メディアにそれを担う余裕はなくなりつつあります。

報道関係者に対する社会の視線も冷ややかになっています。近年特有の現象なのかどうかは研究の余地があると思いますが、少なくとも、ネット上で罵詈雑言や冷笑として可視化されるようになったのは間違いありません。もちろん、批判には謙虚でなければなりませんが、冷たい風にばかりさらされていれば、普通の人間はへこんでしまいます。

そういう状況の中で、組織の壁を越えてジャーナリストが協力し、ジャーナリズム全体の力を向上させようというのが報道実務家フォーラムのコンセプトです。参加者は年々増えており、そうした場が求められていることを実感しています。

報道実務家フォーラムでは、情報公開制度活用のための講座も毎回2～3講座開設しています。いずれも常に満員で、時間をオーバーするほど質問が相次ぎます。

もしかすると、何か手引書のようなものが求められているのではないだろうか。そう思い始めた矢先、フォーラムの運営仲間でもあるスローニュースの熊田安伸さんが『記者のためのオープンデータ活用ハンドブック』を出版しました。分かりやすく実践的な内容にインスパイアされ、「情報公開も出そう」と決意しました。

筆者が情報公開制度を取材に使い始めた頃はほとんど先行事例がなく、手探りの状態でしたが、近年は各地で制度を活用した素晴らしい報道が行われるようになっています。そうした事例を詳しく紹介しようと考えました。

本書のＰＡＲＴ１に収められたケーススタディーのうち、「日経式調査報道」の鷲森弘さんと朝倉侑平さん、「ＰＦＡＳ汚染」の諸永裕司さん、「首相あいさつ読み飛ばし」の宮崎園子さん、「米国ＦＯＩＡ」のジョン・ミッチェルさんは、フォーラムの講師として登壇してくださった方々です。フォーラムでの講演を基に補足取材をして原稿にまとめました。「ゲーム条例」の山下洋平さん、「警察不祥事」の小笠原淳さん、「情報公開訴訟」の森敏之さんの項は、筆者によるインタビューに基づくものです。

それぞれの試行錯誤のお話を聞きながら、何度もうなずかされたり、うならされたりしました。皆さんに共通していたのは、取材のツールとしてはもちろんのこと、公正で風通しのいい社会をつくるために情報公開制度は不可欠だという考え方でした。

忙しい仕事の合間を縫って協力してくださった方々には、この場を借りて改めて深く感謝を申し上げます。

ネット上には偽情報や誤情報、いい加減な情報があふれています。生成ＡＩの登場で、その状況はさらに加速する可能性があります。信頼できる情報源としての情報公開制度の重要性は増すでしょう。そして、制度が機能しているかどうかを監視するジャーナリズムの役割もますます重要になるでしょう。

本書の出版にあたり、多大な協力と的確な助言をいただいた報道実務家フォーラムの瀬川至朗理事長（早稲田大学政治経済学術院教授）、澤康臣事務局長（専修大学文学部ジャーナリズム学科教授）、編集者として忍耐強く伴走し、スタイリッシュな本に仕上げてくださった新聞通信調査会の倉沢章夫さん、時事通信出版局の舟川修一さん、桑原奈穂子さんに深く御礼申し上げます。

２０２４年１月

日下部 聡

# Document

# 参考資料集

▶ **情報公開請求の流れ**

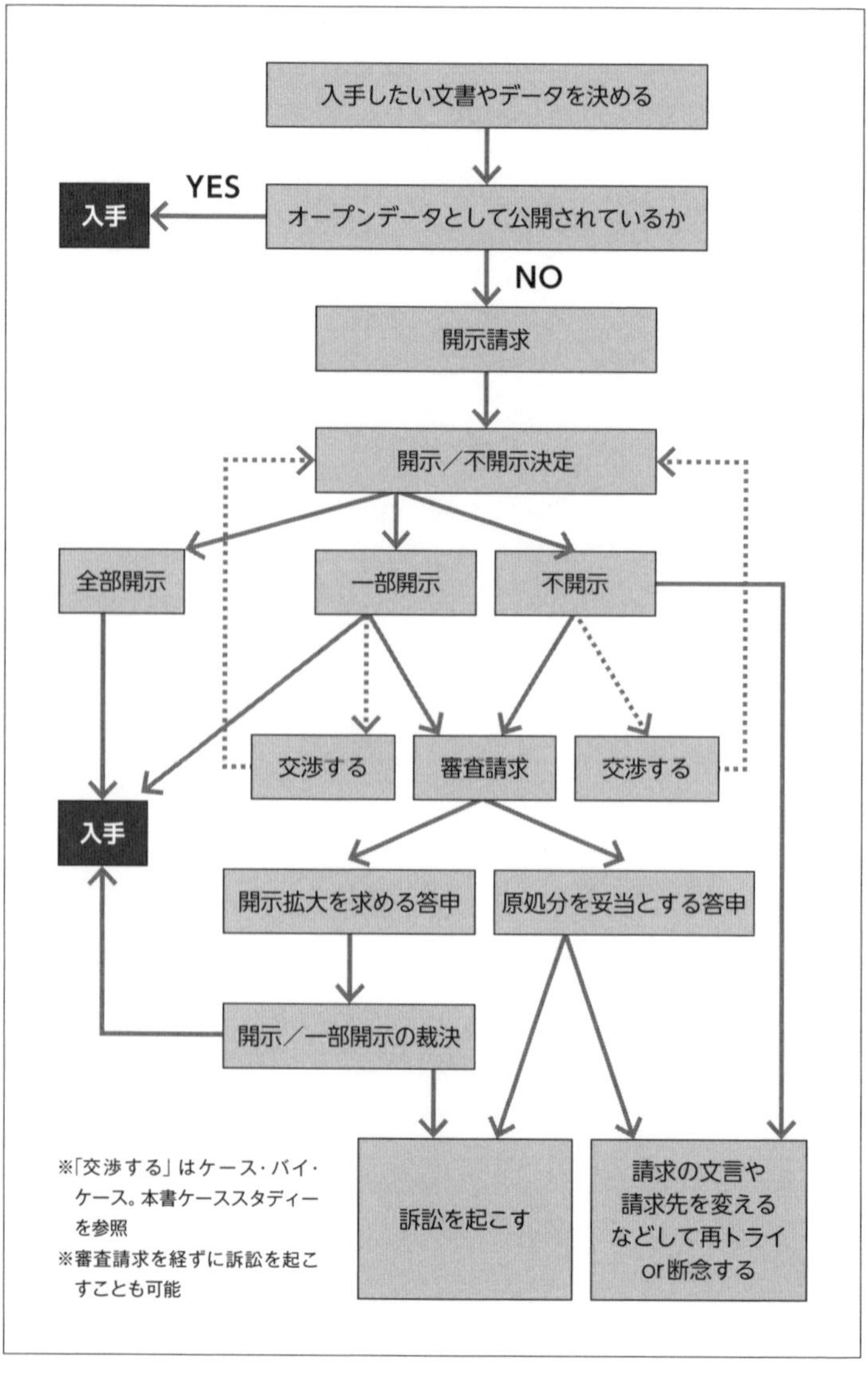
入手したい文書やデータを決める
YES
入手
オープンデータとして公開されているか
NO
開示請求
開示／不開示決定
全部開示
一部開示
不開示
交渉する
審査請求
交渉する
入手
開示拡大を求める答申
原処分を妥当とする答申
開示／一部開示の裁決
訴訟を起こす
請求の文言や
請求先を変える
などして再トライ
or断念する
※「交渉する」はケース・バイ・ケース。本書ケーススタディーを参照
※審査請求を経ずに訴訟を起こすことも可能

## ▶ 国の開示請求書の記入例

請求内容によって請求先が指定されているので、事前にサイトなどで調べて記入する

# 行政文書開示請求書

令和○年○月○日

○○○○大臣　　　殿

（ふ　り　が　な）
氏名又は名称：　（法人その他の団体にあってはその名称及び代表者の氏名）
○○○○

個人の住所でなくてもいい。問い合わせの電話があることが多いので、連絡先には携帯番号を書くのがよい

（ふ　り　が　な）
住所又は居所：　（法人その他の団体にあっては主たる事務所等の所在地）
〒○○○　○県○市○町　○○新聞社○○部

（ふ　り　が　な）
連　絡　先：　（連絡先が上記の本人以外の場合は、連絡担当者の住所・氏名・電話番号）
電話　090-○○○○-○○○○

行政機関の保有する情報の公開に関する法律第４条第１項の規定に基づき、下記のとおり行政文書の開示を請求します。

記

１　請求する行政文書の名称等

（請求する行政文書が特定できるよう、行政文書の名称、請求する文書の内容等をできるだけ具体的に記載してください。）

本書記載の事例や総務省「情報公開・個人情報保護関係答申・判決データベース」などを参考に記入するとよい

２　求める開示の実施の方法等　　（本欄の記載は任意です。）
ア又はイに○印を付してください。アを選択された場合は、その具体的な方法等を記載してください。

ア　事務所における開示の実施を希望する。
〈実施の方法〉　①　閲覧　　②　写しの交付　　③　その他（　　　　　　　　　　　　）
〈実施の希望日〉
イ　写しの送付を希望する。

| | | |
|---|---|---|
| 開示請求手数料<br>（１件300円） | ここに収入印紙を貼ってください。 | （受付印） |

＊この欄は記入しないでください。

| | |
|---|---|
| 担当課 | |
| 備　考 | |

## ▶ 審査請求書の記入例

# 審査請求書

令和○年○月○日

○○○○大臣　殿

> 開示・不開示決定書に記された行政機関などの長を記入

**審査請求人**

○○○○

> 開示請求書と同様、自宅でなくてもいい

〒○○○-○○○○
○○県○○市○○町○○　○○新聞編集局○○部
電話：080-○○○○-○○○○

**1．審査請求に係る処分の内容**

> 黒塗り（部分開示）について審査請求する場合は「開示決定書」となる

○○○○大臣が、行政文書不開示決定通知書（令和○年○月○日付　○○第○号）をもって、開示請求者である審査請求人に通知した処分。

> 通知書に記された文書番号

**2．審査請求に係る処分があったことを知った年月日**

令和○年○月○日

**3．審査請求の趣旨及び理由**

**（1）趣旨**

> 黒塗りについて審査請求する場合は、「～によって部分開示決定が通知された行政文書のうち○○の部分についての開示を求める」というように、部分開示に対する審査請求であることを記す

令和○年○月○日付行政文書不開示決定通知書（○○第○号）によって不開示決定が通知された行政文書の開示を求める。

**（2）理由**

> できる限り法令に即して問題を指摘するような記述を心掛ける。総務省「情報公開・個人情報保護関係答申・判決データベース」などで類似のケースを探して参考にするとよい。分量に制限はない

**4．処分庁の教示の有無及びその内容**

有り。

上記1．の行政文書不開示決定通知書において「この決定に不服がある場合は、行政不服審査法（平成26年法律第68号）の規定により、この決定があったことを知った日から起算して3カ月以内に、○○大臣に対して審査請求をすることができます」と教示を受けた。

**5．添付書類等**

> 証拠書類や補充のための書類などがあれば記入する。なくてもよい

# 参考書籍・ウェブサイトリスト

**【書籍】**（出版年順）

**▽情報公開制度を使う**

ローレンス・レペタ、石井邦尚訳『闇を撃つ Secrecy and the Future of America』日本評論社、２００６

ジョン・ミッチェル、阿部小涼訳『追跡・沖縄の枯れ葉剤――埋もれた戦争犯罪を掘り起こす』高文研、２０１４

杉本裕明『社会を変えた情報公開――ドキュメント・市民オンブズマン』花伝社、２０１６

小笠原淳『見えない不祥事――北海道の警察官は、ひき逃げしてもクビにならない』リーダーズノート出版、２０１７

ジョン・ミッチェル、阿部小涼訳『追跡　日米地位協定と基地公害――「太平洋のゴミ捨て場」と呼ばれて』岩波書店、２０１８

日下部聡『武器としての情報公開――権力の「手の内」を見抜く』ちくま新書、２０１８

毎日新聞取材班『公文書危機――闇に葬られた記録』毎日新聞出版、２０２０

諸永裕司『消された水汚染――「永遠の化学物質」ＰＦＯＳ・ＰＦＯＡの死角』平凡社新書、２０２２

伊澤理江『黒い海――船は突然、深海へ消えた』講談社、２０２２

ジョン・ミッチェル、阿部小涼訳『「情報自由法」で社会を変える！――情報開示最強ツールの実践ガイド』岩波ブックレット、２０２３

日本経済新聞社『国費解剖――知られざる政府予算の病巣』日本経済新聞出版、２０２３

山下洋平『ルポ ゲーム条例――なぜゲームが狙われるのか』河出書房新社、２０２３

日野行介『情報公開が社会を変える――調査報道記者の公文書道』ちくま新書、２０２３

**▽情報公開制度を知る**

松井茂記『情報公開法入門』岩波新書、２０００

三宅弘『原子力情報の公開と司法国家――情報公開法改正の課題と展望』日本評論社、２０１４

森田明『論点解説　情報公開・個人情報保護審査会答申例』日本評論社、２０１６
宇賀克也『新・情報公開法の逐条解説――行政機関情報公開法・独立行政法人等情報公開法　第8版』有斐閣、２０１８
瀬畑源『国家と記録――政府はなぜ公文書を隠すのか？』集英社新書、２０１９
情報公開クリアリングハウス編『市民がつなぐ情報公開のこれまで、これから――情報公開法を求める市民運動の40年 情報公開クリアリングハウスの20年』情報公開クリアリングハウス、２０１９

**【ウェブサイト】**（順不同）

e-Gov行政文書ファイル管理簿検索
https://administrative-doc.e-gov.go.jp/servlet/Fsearch
情報公開・個人情報保護関係　答申・判決データベース
https://koukai-hogo-db.soumu.go.jp/
総務省　情報公開制度
https://www.soumu.go.jp/main_sosiki/gyoukan/kanri/jyohokokai/
情報公開クリアリングハウス
https://clearing-house.org/
全国市民オンブズマン連絡会議
https://www.ombudsman.jp/
日本弁護士連合会情報問題対策委員会
https://www.nichibenren.or.jp/activity/human/information_issue

## 編著者紹介

**日下部聡**（くさかべ・さとし）

１９９３年筑波大学第三学群国際関係学類を卒業し毎日新聞に入社。浦和支局、サンデー毎日編集部、東京・大阪両社会部、デジタル報道センター長などを経て、２０２２年10月からデジタル社会、メディア、情報公開などの分野を担当する論説委員。２０１６年に「『憲法解釈変更の経緯　公文書に残さず』など内閣法制局をめぐる一連の報道」で第20回新聞労連ジャーナリズム大賞とＪＣＪ大賞を受賞。「『桜を見る会』追及報道と『汚れた桜「桜を見る会」疑惑に迫った49日』の出版」で２０２０年第20回石橋湛山記念早稲田ジャーナリズム大賞　公共奉仕部門大賞受賞（取材班代表）。２０１６年10月～17年7月、英オックスフォード大学ロイター・ジャーナリズム研究所客員研究員。著書に『武器としての情報公開』（ちくま新書）。特定非営利活動法人「ファクトチェック・イニシアティブ」理事。日本メディア学会、日本ＮＩＥ学会会員。

## 企画協力

**特定非営利活動法人 報道実務家フォーラム**

社会的意義のあるスクープや好企画を手掛けた記者やディレクター、オープンデータやＩＴの専門家などによる講座を毎春、早稲田大学国際会議場で数日間集中開催する研修イベント「報道実務家フォーラム」を運営している。新聞、通信、放送、デジタルメディア、フリーランスなどさまざまな場で活動する多彩なジャーナリストが交流を深める場となっている。現役記者による業界横断の勉強会での議論をきっかけに２０１０年に発足。海外の業界イベントを参考に２０１７年から大規模化した。２０１９年に法人格を取得。現在も多くの現役記者らが運営を支えている。近年は「調査報道大賞」の創設や海外のジャーナリズム団体との協力、国内各地での小規模フォーラム開催など、報道実務家のスキルと知識を高めるための活動をさらに拡大している。

報道実務家フォーラムウェブサイト　https://j-forum.org/

# 記者《きしゃ》のための情報公開制度《じょうほうこうかいせいど》活用《かつよう》ハンドブック

2024年1月30日　初版発行

編 著 者　日下部 聡

企画協力　報道実務家フォーラム

発 行 者　西沢　豊

発 行 所　公益財団法人新聞通信調査会

〒100-0011　東京都千代田区内幸町2-2-1

日本プレスセンタービル1階

電話 03-3593-1081（代表）

URL：https://www.chosakai.gr.jp/



ISBN978-4-907087-23-4 C3031 Printed in Japan



編集：公益財団法人新聞通信調査会　倉沢章夫

編集協力：時事通信出版局　舟川修一・桑原奈穂子

装幀・本文デザイン：キトミズデザイン

印刷・製本：太平印刷社